沒關係，是悲傷啊！

直視悲傷的真相，
學習守護自己與關愛他人的
情緒照護指南

IT'S OK THAT YOU'RE NOT OK

Meeting Grief and Loss in a Culture That Doesn't Understand

梅根・德凡——著　謝慈——譯

Megan Devine

獻給　他人的夢魘之物

面對逝去的一切，她和流浪的女孩一同歌唱，
女孩就是她自己，她的護身符。

阿萊杭德納・皮札尼克（Alejandra Pizarnik，阿根廷詩人）

我們是如此渺小，只有通過愛，才能忍受得住廣漠的宇宙。

卡爾・薩根（Carl Sagan，天文學家）

各界盛讚

或許這個世界不斷強迫我們扮演回不去的那個自己，但《沒關係，是悲傷啊！》卻能幫助我們在最深沉的失落悲傷中，面對自己真實的感受，做真正想做的事，說真正想說的話。

強納森．費爾茲，著有《如何好好生活》

梅根．德凡深刻描繪了關於悲傷的經驗：悲傷不是一個待解決的問題，而是一個值得崇敬的奧祕。她了解人們在經歷悲傷時，還必須承受其他像是批判、輕蔑和誤解等痛苦。像《沒關係，是悲傷啊！》這樣的書我已經等了三十年，現在終於可以推薦給蒙受喪子、喪偶或失去親友的人。

唐納．蘇爾曼，道基喪親兒童及家庭中心宣傳及培訓主任梅根・德凡美麗的文字撫慰我們破碎的心，並破解了文化中迫使我們擔負無法承受之痛的錯誤觀念。我們不需要為了悲傷道歉！悲傷也不是一種需要盡快治療的疾病！相反地，悲傷是我們所能經歷最神聖的境界之一。梅根是我們無畏、堅強、極富同情心的引導者。

蜜拉白・思達爾，譯有《在黑暗夜裡的心靈》，著有《沒有絕望的商隊》

這本書充滿著力量。有太多悲傷相關的書籍都關注在「克服」這件事上，但這本書告訴我們的卻是：「直視悲傷，和悲傷共處。」帶領我們無所畏懼地面對悲傷，充滿智慧而真誠。經歷過悲傷的人都應該讀一讀這本書。

泰瑞莎・里德，《塔羅牌著色書》的作者

當今關於死亡及失落的文化，讓我們沒辦法真實地面對悲傷，反而在無意中傷害了自己，也讓我們最在乎的人跟著受苦。《沒關係，是悲傷啊！》是最好的療傷說明書，幫助我們從中獲得療癒和力量，支持自己和身邊的人，以及這個對死亡避諱的社會。

莎拉・切維斯，Order of the Good Death 生命事業執行長

梅根・德凡對悲傷有著最細膩的了解：她是治療師，也是承受著喪偶之痛，正在經歷哀傷的人。這本真誠而寬容的書不只談論悲傷的現實面，也提醒我們：「愛是永不止息。」

潔西卡・韓德勒，《隱形的姊妹：回憶錄》及《面對烈焰：悲傷寫作》

《沒關係，是悲傷啊！》蘊含的智慧，正是我們所需要的。梅根・德凡對於「在悲痛中彼此陪伴」提出了一個充滿愛、真誠而完整的觀點。

史帝夫・愛德華茲，著有《深入邊區》

我們的文化讓我們對悲傷毫無準備，而梅根・德凡的書則像座燈塔，指引我們在悲傷中同理他人或自身的情感。面對歷經深沉傷痛的摯愛者，我們應該學習成為陪伴者，而非拯救者。身而為人，這本書非讀不可。

凱特・麥考布，兩性關係講師，創辦「茶與同理心」活動

梅根・德凡述說失落的真相，並且告訴我們，悲傷的經歷是人情之常，不該受到刪減或汙名化。《沒關係，是悲傷啊！》帶給我們安慰和肯定，正如梅根一生所致力的，讓我們面對文化中避諱的部分：失落的一隅應該受到重視，並且被傾聽。

德雷・米勒・羅吉古斯，著有《妥協：心型的回憶錄》

這本書傳達了對於悲傷的支持和理解，真誠、直接而充滿智慧。

傑克・康菲爾德，《踏上心靈幽徑》

在痛苦中最困難的事之一，就是嘗試尋求或給予支持。《沒關係，是悲傷啊！》帶領我們優雅度過痛苦，其中的愛、接納和同情，正是我們所需要的溫暖新觀點。

凡妮莎・馮・愛德華茲，《俘虜》作者，也是ScienceofPeople.com的行為調查員

梅根・德凡告訴我們，與其將悲傷視為一種需要治癒的疾病，不如用溫暖和理解來面對。這本書是無價之寶。

瑞妮・丹菲爾，暢銷書《迷幻之境》作者

這本書對於悲傷的顛覆觀點，正是我們所需要的。梅根・德凡打破刻板印象和社會期待，讓我們面對失去的心碎時，不必再承受額外的壓力痛苦。對於傷痛的人來說，這本書將帶來安慰及深切的認同感，用精準的語言、精闢的反思，以及平易近人的建議，在最黑暗的時刻照亮往前的道路。如果想支持悲傷

的親友，這更是必讀的書！

詹納．德克里斯多法洛，道基喪親兒童及家庭中心兒童悲傷服務統籌

梅根從自身經歷中所得到的智慧，幫助我們能用更正常的觀點看待悲傷。

如果厭倦了別人老是問你「好點了沒？」就來讀這本書吧！你會有嶄新體悟的。

克里斯．古利博，紐約時報暢銷書《追尋的快樂》作者

I

就如我們想的那樣瘋狂

II
該如何面對自己的悲傷

III
當家人和朋友不知所措時

IV

前進的道路

前言

身而為人，有所謂的「孿生子悖論」。首先，沒有人能代替你過你的一生，代替你面對或感受一切，但也沒有人可以獨自過完一生。其次，在人生中，我們必定會經歷愛與失去。假如試圖避免失去和悲傷，我們就不會真正去愛。然而，神奇奧妙的是，唯有了解愛與失去，我們才能完整而深刻地活著。

梅根．德凡對於愛與失去有著深切的體會，能帶給我們堅強而充滿關愛的陪伴。因為失去摯愛，她知道人生已經永遠改變，沒有辦法克服，只能控制。失去和悲傷會改變我們生命的景色，這樣的改變既不可逆，也沒有所謂的正常可以回復，唯一的任務就是重新畫出我們內在正確的地圖。正如梅根的智慧話語：「我們不是要修復痛苦，而是要照護痛苦。」

事實是，承受痛苦的人往往有著我們所需要的智慧。正因為我們的社會避諱感受，我們必須學習敞開心懷，透過各種感受去面對人生最深沉的旅程。最終，唯有共同體驗愛與失去，不互相批判或逼迫，才能編織出愛與友誼的真正羈絆，也才能彼此扶持，不陷溺於靈魂的深淵泥淖。

梅根也告訴我們：「真正的安全乃是進入彼此的痛苦，並且在其中找到自己。」無論我們單打獨鬥或與同伴並肩，目的都不是讓痛苦或失落減到最低，而是去檢視改變人生的事件是如何啟發了我們。在我的痛苦和失落中，我學到就算內心殘破，也沒有理由認為世上一切也一樣殘破不堪。因此，身而為人的價值和真諦，就是努力回復我們心中真正重要的事物，即使在艱困中，也能好好運用我們的心靈感受一切。

就像靈魂在暗夜中的聖十字若望，或與無名天使在谷底搏鬥的雅各，梅根失去了伴侶馬特，獨自在幽長的深谷中掙扎奮鬥。她所發掘的真相，並非是一切都會好轉、修復或被遺忘。然而，一切都會向前推進，雖然可能歷經滄海桑田，但承受失落痛苦的人終將再次與生命緊密連結。

在但丁的《神曲》中，維吉爾帶領但丁從地獄進入煉獄，直到來到一面火焰的高牆之前。但丁因為恐懼而猶豫不決，但維吉爾告訴他：「你別無選擇。這烈火將會燃燒，但不會吞噬。」但丁仍然很害怕，維吉爾察覺後，將手放在但丁肩上，重複道：「你別無選擇。」但丁接著鼓起勇氣，進入那烈火之牆。

每個活著的人都會面對這道火牆。就像維吉爾，梅根帶領我們通過地獄，直到面對我們必須獨自通過的火牆，而在那之後，我們將成為自己的嚮導。就像維吉爾，梅根為我們指出一條路，或許不是「唯一的」一條路，但卻能使我們在悲傷的洶湧波濤中，能夠有所依附。

無論路有多長，去愛、失去和彼此陪伴都需要勇氣，梅根就是我們無畏的老師。如果你正身處悲傷的魔掌，請朝這本書伸手求援，你的重擔將得到分擔，這段旅程也將不再如此孤寂。

馬克・奈波，《紐約時報》暢銷書作家

致謝

看一本書時，我總是會閱讀獻詞和致謝的部分。我喜歡看那些敘述人際關係的句子、指點和引導作者的良師益友、書本自身的生命脈絡，以及寫作這本書的人。書本既是人生的小小片段，也是人生的副產品，會和生命互相餵養（雖然這個說法有點怪）。

寫這本書對我來說很難，但也很美，或許在字裡行間未必顯而易見，但對我生命中的人們來說卻是如此。莎曼沙（為我做了許多）、辛西亞、羅希、ＴＣ、史帝夫、麥可、莎拉、納加、維特，以及其他在這段時間進出我生命的人，謝謝你們陪伴我、傾聽我，在我迷失時拉我一把。還有我最愛的雙胞胎，謝謝你們在我寫這本書時帶給我快樂、冒險、喘息和喜悅，這份感激從今而後會一直延續著。謝謝我的探戈社團，讓我總是能暫時從寫作中脫離，大腦也能稍稍喘息。我寫作課的學生在許多方面都可以說是這本書的支柱，在我最需要的時刻，他們的電子郵件和字條總是提醒著我的初衷。謝謝我所愛的人們，總與我在文字與心靈之間交流。

給那些在馬特過世後也離世的朋友和伙伴們，我依然能感受到你們就在我身邊，而你們的支持向來對我意義深遠。

謝謝我的經紀人大衛・富格特，從我們的初次對話開始，就相信著文化轉型。謝謝我在Sounds True的團隊，就像我曾經說過的，我感受到你們的愛與照顧，而這比什麼都來得珍貴，謝謝你們。

或許聽起來有點怪，甚至有些自視過高，但我對自己懷抱無限的感恩：對於過去的自己，從「河邊」那天開始的幾年，雖然不想活但仍然活了下來。這本書是寫給她的情書，就像時光旅行一樣。這本書幫助我在許多方面，能帶給自己和讀者我想要的：能夠用文字觸及過去的自己，擁抱自己，然後幫助自己活下去。我很慶幸過去的自己能活下來。

引言

我們文化中面對悲傷的部分是殘缺破損的。我曾經以為自己對悲傷相當了解，畢竟，我擔任私人心理治療師將近十年了。我協助的對象數以百計，有些和物質成癮奮鬥，有些則無家可歸，私人診所的顧客也時常面對陳年的虐待、創傷和悲傷。我曾投身於性暴力相關的教育和提倡，幫助人們面對人生中最恐怖的經驗。我站在情緒素養及韌性研究的最前線，深深相信自己所做的一切都很重要，也很有價值。

然而，在二〇〇九年一個美好而平凡的夏日，我卻目睹我的伴侶溺斃。馬特正值壯年，他強壯、結實、健康，還有三個月就要滿四十歲。以他的能力和經驗，他沒有理由會溺斃。一切都那麼隨機、意外，將我狠狠地撕裂。

馬特過世以後，我想要打給每一位客戶，為我的傲慢無知道歉。雖然我有深層情緒方面的專業能力，但馬特的死向我揭示了完全不同的世界，我所學過的一切都不足以面對如此深沉的喪親之痛。如果說有人能準備好面對這樣的失落，以我的經驗和訓練，應該要游刃有餘。

但這一切都毫無幫助，我學過的事物對我一點意義也沒有。但我並不孤單。馬特過世的第一年，我慢慢找到了悲傷哀悼者的社群。我們這一小群作家、社運家、教授、社工、科學家，來自各自的專業領域，有些年輕喪偶，有些失去年幼的子女，聚在一起分擔彼此的痛苦經歷。

然而，我們的共通點不只是失落而已。每個人都曾在悲傷中感受到批判、羞恥以及他人的指正。我們分享著被鼓勵要「撐過去」、把事情拋開、不再談論失去的事物等經驗。我們被勸誡要向前走，總會有人告訴我們，我們需要這些死亡來認清生命中真正重要的事物。就連一開始試著幫忙的人到最後也帶來傷害。無論立意再怎麼良善，老生常談的各種建議會讓聽者覺得受到輕蔑，彷彿佛偌大的痛苦被降格成了問候卡上的一句話。

在最需要愛與支持的時候，我們卻都感到孤獨，覺得自己蒙受誤解、批判與輕忽。當然，我們身邊的人無意表現殘忍，只是不知道該如何真正的幫助我們而已。我們和許多悲傷的人一樣，不再向朋友或家人傾訴我們的痛苦。與其不斷向不了解的人辯解說明悲傷的感受，假裝一切都很好要簡單多了。我們轉向其他悲傷的人，因為他們是唯一了解悲傷的人。

每個人都會遭遇悲傷和失去，也都曾在痛苦中覺得受到誤解。同樣的，我們也都曾在面對其他人的痛苦時，感到手足無措。我們會試著說些話，但心裡很清楚任何言語都無法挽回什麼。在這種情況中，沒有哪一方是贏家：悲傷的人覺得不被理解，家人和朋友在悲傷面前，則感到無助而無能。

我們知道自己需要幫助，但卻不清楚該開口要求什麼。另一方面，當我們試著幫忙時，卻反而可能使已經在生命低谷中的人雪上加霜。我們想表達最大的善意，卻常常適得其反。

這不是我們的錯。每個人在悲傷時都想感受到愛與支持，也都願意幫助自己所愛的人。問題是，我們所習得的助人方式是錯的。我們的文化將悲傷視為某種病灶：這種可怕、混亂的情緒必須立刻整頓乾淨並拋諸腦後。因此，我們對悲傷應有的樣子和延續的時間，都抱持著過時的觀念。我們認為悲傷應該被克服、修復，而不是悉心呵護或支持。甚至連醫師受到的訓練，也將悲傷視為某種失調，而不是面對最深沉失落的自然反應。當專業人士都不知道如何面對悲傷時，就更別期望一般大眾能優雅且有技巧地反應了。

我們與最想要的事物之間有道鴻溝隔開，但現今面對悲傷的工具並不足以為我們搭上橋樑。文化、專業與關於悲傷的既定觀念，讓我們無法在悲傷中好好照料自己，也無法支持自己所愛的人。更糟的是，這些過時的觀念讓我們除了自然而正常的痛苦，又承受了毫不必要的折磨。

但其實還有別的方式。馬特離開以後，我透過自己的網站「悲傷難民（Refuge in Grief）」和數以千計悲傷的人共事。過去幾年裡，我努力學習什麼才是悲傷漫長的痛苦中，真正能幫上忙的。過程中，我漸漸成了在悲傷支持領域中聞名全國的先驅，同時也教導如何更有同情心和更有技巧地同理他人。

關於悲傷、脆弱和情緒素養，我的理論來自個人的經驗，以及上千位努力走過悲傷幽谷人們的經歷。從悲傷者和努力想支持他們的親友身上，我發現了真正的問題：我們的文化並沒有教導我們如何用真正有幫助的方式面對悲傷。

如果想要給所愛的人更好的關心照顧，我們必須將悲傷重新人性化。我們必須談論悲傷，了解這只是自然而正常的過程，不應該迴避、非議，或是倉促帶過。我們必須開始討論在面對因為失去而徹底改變的人生時，究竟需要什麼樣的技巧和能力。

《沒關係，是悲傷啊！》這本書提供了面對悲傷的新方式，而提出這個模式的人不是鎖在辦公室裡研究悲傷的教授，而是真實經歷過悲傷的人。我經歷過這樣的悲痛，曾經躺在地上大哭，沒辦法睡覺或吃東西，也沒辦法忍受離開家超過幾分鐘。我曾經坐在心理醫師沙發的另一端，聽著過時而毫不相干的悲傷階段理論，或是正向思考的力量。我曾經承受悲傷的生理徵狀（記憶喪失、認知改變、焦慮），並且找到有幫助的工具。我結合了心理師的專業和個人經驗，了解到「解決痛苦」和「照護痛苦」的差異。從第一手的經驗裡，我明白為什麼試著說服他人擺脫悲傷反而會造成傷害，這和幫助他們與悲傷共存是截然不同的。

這本書將幫助我們重新思考自己和悲傷間的關係，鼓勵我們將悲傷視為面對死亡及失去的自然反應，而不是需要轉型改變的異常狀態。當我們不再將悲傷視為一個待解決的問題，而是一種必須仔細照護的經驗，就能帶給自己和所有讀者最希望的：理解、同情、肯定，以及通過痛苦的道路。

《沒關係，是悲傷啊！》將告訴讀者該如何在悲傷中懷抱技巧與同情心，但這本書不只是寫給痛苦中的人們，而是想讓每個人都能過得更好。每個人在生命的某些時刻，都必定會經歷深刻的悲傷或失落，也都會認識正承受著失落悲痛的人，因為失去是普世的經驗。

這個世界總是告訴我們，為了摯愛的逝世而悲傷是必須治療的疾病，但這本書提供了不一樣的觀點，鼓勵我們重新檢視自己和愛、失去、心碎及整個社群的關係。如果我們能開始了解悲傷的本質，就能建立更充滿幫助、關愛、支持的文化。我們能得到自己所最想要的：在需要時彼此幫助，無論生命遭逢何等恐怖，都能感受到愛與支持。假若我們能改變關於悲傷的看法，就能讓每個人的生命都過得更好。

我們每個人的共通之處，就是希望能愛得更好，這也正是本書的寫作原因。我們都希望在巨大的痛苦中，仍然能愛自己；即便生命的痛苦已經難以獨力承擔，也能去愛他人。這本書所提供的技巧和能力，將能使這樣的愛成為現實。

謝謝你們都在這裡，願意去閱讀、傾聽、學習。只要同心努力，即使無法讓事情變成想要的樣子，我們也能讓一切更好。

I

就如我們想的那樣

瘋狂

CRAZY

1 失落的真實樣貌

這是我希望大家一定要知道的：一切都如你所想的那樣糟。無論其他人說了什麼，這都糟透了。已經發生的事情無法修正，已經失去的也無法挽回。這當中並無任何美麗可言，只存在冷冰冰的事實。

承認是最關鍵的：你深陷痛苦，事情也沒辦法變得更好，真實的悲傷和旁觀者看到的完全不同。這個世界有一種痛沒辦法開心起來，你需要的不是解決問題的方法，也不是從悲痛中重新出發的方式。你需要的是有人看見你的悲痛，並且承認你的悲痛。在面對恐怖的人生黑洞時，你需要有人握住你的手。有些事情再也無法修復，只能帶著它活下去。

失落的真實樣貌

當突如其來的死亡或改變生命的事件發生時，一切都不再相同了。即便是預期之中的死亡或失去，仍然令我們措手不及。一切都改變了，你原本期待展開的生活就此消失，就像憑空蒸發了。世界裂成兩半，一切都顯得荒謬無理。你的人生曾經正常，但此時此刻，一切都失控了，和正常再也扯不上邊。有些在其他方面很聰明的人開始告訴你名言錦句，試著要讓你開心起來，把你的痛苦帶走。

這和你想像的完全不同，時間停滯了，一切都很不真實。你的腦中不斷不自主地重播著發生的事，希望能有不同的結果。其他人所生活的、再平常也不過的世界，如今卻顯得殘忍艱困。你什麼也吃不下，或者暴飲暴食；你睡不著覺，或是整天都陷入昏睡。你生命中的每個物件都成了藝術品，紀念著曾經的生活，以及本來可能擁有的一切。失去的痛苦會碰觸生命每個角落。

在悲劇發生後的幾天、幾個星期裡，你會聽到各式各樣的說法：他們不會希望你這麼難過。每件事都有理由和意義。至少你們有過這麼多相處的時光。

你那麼堅強、聰明和能幹，一定會撐過去的！還可以再試一次啊：找新的對象、再生個孩子，想辦法把痛苦轉化為美好有用的事物吧！

陳腔濫調的鼓勵打氣一點用也沒有。事實上，這樣的支持只會讓我們覺得，世界上沒有人能了解我們的痛苦。這不是小小的割傷，也不只是失去自信心而已，我們不需要這樣的事來告訴我們，什麼才是真正重要的，什麼又值得追求，更不需要失落的痛苦來提醒我們，自己被深深愛著。

唯有說出悲傷的真相，才能讓我們繼續前進：失去的痛苦就像我們想的那麼糟糕。而無論別人再怎麼努力嘗試，他們的回應方式就像我們想的那麼差勁。我們沒有發瘋。有些瘋狂的事發生了，而我們正用任何正常人會採取的方式反應著。

問題出在哪？

如今，許多標榜悲傷支持的事物其實對我們毫無幫助。正因為我們避談失去，大部分的人（包含許多專業人士）都認為悲傷是異常的，會使我們脫離正常快樂的生活。無論是私下或是專業的悲傷支持，其目的都是讓人脫離悲傷，不再感到痛苦。我們必須盡快撐過悲傷，因為悲傷只是不幸但短暫的經驗，越快整理拋到腦後越好。

因為這些錯誤的信念，許多悲傷中的人們不禁感到孤單，覺得自己被拋棄了。為了避免四面八方的糾正和批判，許多人寧願不再談論痛苦。就因為我們不談論失去的真實樣貌，許多悲傷中的人覺得自己的感受很奇怪，甚至是錯的。

悲傷沒有錯，而是愛最自然的延伸，是失去摯愛之後健康而理智的反應。悲傷的感覺很糟，但不代表悲傷本身很糟；你覺得一切瘋狂無理，但不代表你瘋了。悲傷是愛的一部分，而愛包含了對生命、對自己，以及對他人的情感。我們所經歷的，無論多麼痛苦，都是愛。愛很困難，有時甚至痛得椎心刺骨。

假如我們要將悲傷的經驗感受為愛的一部分，就必須真實地談論它，而不再將悲傷視為病症，也不再抱著不切實際的希望，幻想著到最後一切都會變得美好如初。

超越「正常」悲傷的悲傷

每天的生活，都有失去及悲傷。我們的文化還有很大的努力空間，才能讓每個人的聲音都被聽到，看見並尊重每個人內心的痛苦和遭遇的失落。但這本書關注的不是這類平常的失落。生命中有些傷口雖然會痛，甚至猶如熱鐵烙膚，但終究會有克服度過的一天。靠著個人的努力，許多困難可以被轉化。

或許就像心理學榮格學派所說的，在生命所有沉重的努力後，都能真的找到黃金。但我們談的不是這個，我們談的悲傷不僅僅是工作不順利、得不到自己真正想要的東西，也不是失去某些美好，讓「更好的事」發生而已。因此，轉化在這裡並不適用。有時，失去摯愛會使世界失序，死亡會改變我們對一切的看法，悲傷也會讓生命分崩離析。雖然對其他人來說一切如常，但痛苦會將我們打進迥然不同的宇宙。

當我談論失去摯愛和悲傷時，談論的是超越了我們所認為自然秩序的痛苦。我談論的是意外和疾病、自然災難、人為災難、暴力犯罪和自殺。我談論的是隨機、非典型、不尋常的死亡和失落，但隨著我的工作，這些似乎越來越平常。

我談論的是那些隱藏著的失落、沒有人願意提起的痛苦——或許該說，沒有人想聽見的痛苦：嬰兒在出生前早夭，原因不明；熱愛運動而積極的年輕人在跳入水池後全身癱瘓；年輕的妻子目睹丈夫在隨機的劫車事件中遭到射殺；伴侶被毫無預警的大浪捲走；健康有活力的女性在例行健檢時，發現罹患癌症第四期，和聽聞噩耗的丈夫、稚子及無數友人，只剩下幾個月的相處時間；二十歲的孩子在南非執行人道救援任務時，卻被公車撞死；在印尼度假的家庭，不幸遇到海嘯；整個社區在聽聞帶走家人和朋友的仇恨犯罪後，群情激憤；年幼的孩子因為骨頭發生病變而逝世；早餐時還生龍活虎的兄弟，卻在午餐前過世；一直到朋友自殺被發現後，你才驚覺他的痛苦和掙扎……或許你會翻開這本書，是因為有人過世了，而我寫作的原因也是。又或許，是因為生命發生了無法回復的改變，可能是一場意外、疾病，暴力犯罪，或是自然災害。

生命竟是如此隨機而脆弱，但我們卻不去談論生命的脆弱，即便上一刻一切正常，也可能下一刻就天翻地覆。無論是集體或個人，我們都沒有任何文字、語言和能力來面對無常。正因為我們絕口不提，當我們最需要愛與支持時，卻什麼也找不到。即便能獲得支持，我們得到的也往往遠不及我們所需要的。

悲傷的真實樣貌，往往和置身事外的人所看見或想像的不同。老生常談和安撫勸慰都不會有用，畢竟不是每件事都有理由，並非任何失落都能轉化為正面的影響。有些事再怎麼找都不會有光明的一面，我們必須開始述說這類痛苦的真相，開始談論悲傷、愛和失去。

因為事實是，無論如何，彼此相愛就意味著總有一天會失去對方。在如此瞬息萬變、曾不能以一瞬的世界活著很難，我們的心有時會破碎得無法修復，有些痛苦會成為人生無法移除的一塊。我們必須學著去忍受，學著在痛苦中照顧自己，也彼此照顧。我們所熟悉的生活可能在任何一瞬間永遠地改變，而我們必須學著如何活下去。我們必須開始談論生命的真實樣貌，同時也是愛的真實樣貌。

存活

假如你發現自己深陷在身不由己的日子，遭逢無法預料的劇變，我很抱歉，因為我沒辦法告訴你，一切都會有好的結局，也沒辦法告訴你，一切會沒事的。你不好，或許永遠也好不起來。無論懷抱著怎樣的悲傷，重要的是承認一切有多麼痛苦和困難，一切就是那麼糟糕、恐怖，幾乎讓人活不下去。

這本書不是要修復你，或是修復你的悲傷，也不是要讓你「更好」，或讓你回歸「正常」。這本書討論的是如何在悲傷中活著，如何承擔著無法修復的一切，以及如何存活下來。即便「可以在如此的恐怖中存活」這樣的想法本身就讓人不安害怕，但真相是，我們非常可能會活下來。

悲劇後的生存並不會依照任何步驟或階段，也不會遵循其他人對你的人生所抱持的看法。生存沒有簡單的答案，更無法只靠著把失去的痛苦拋諸腦後、極力粉飾太平而達成。

為了生存，為了找尋對我們來說最真實的生活，我們必須開始學會述說真相。一切都和我們想的一樣糟，一切都如我們認為的那樣錯誤離奇。如此開了頭以後，我們才能開始談論如何與悲傷共存，又如何活在剩下來的愛之中。

本書的使用方式

《沒關係，是悲傷啊！》分成四個部分：關於失落的真實樣貌、如何面對悲傷、朋友和家庭，以及未來的路。書中摘錄了我「寫作悲傷」課程學生的作品，他們的文字往往比我自己的，更能呈現出誠實並公開面對悲傷時的挑戰和多元樣貌。

雖然本書大致是平鋪直敘地進行，但也可以按照個人的需求跳著看。就像悲傷一樣，這本書沒有所謂「正確」的探索方式。特別在悲傷的初期，我們所能吸收的相當有限。或許你在失去摯愛前，能長期維持注意力，但悲傷總有辦法大幅縮減我們專注的時間。所以，將內容分成可以負擔的小段落吧！（在第二部分，我會更深入討論悲傷對大腦和身體造成的影響。）

書中的第一部分討論關於悲傷的文化，以及我們的痛苦如何形成。我們會深入追溯情緒素養的歷史根源，討論為何我們對痛苦的真實樣貌總是避之唯恐不及。我們會從更深遠廣闊的角度，來觀看悲傷和愛的樣貌。

你或許會想：我的世界已經崩毀了，為什麼要在乎更宏觀的角度？為什麼還要花時間去反思這個世界的情緒素養有多差？好吧，這是真的，在悲傷的初期，文化對悲傷是否了解一點也不重要。重要的是，我們必須了解到，並非只有你一個人覺得整個世界都令你受傷，你並不孤單。在討論文化面對悲傷的方式時，我們會覺得不那麼孤獨，也讓我們知道，自己的現實處境的確和其他人強加在自己身上的截然不同，因而感到安慰。

外界看法和自己認知的差異，可能是面對悲傷的過程中，最困難痛苦的一部分。還記得在我的伴侶溺斃的初期，那時的我硬逼著自己出門，蓬頭亂髮、雙頰凹陷、衣衫不整，看起來就像個流浪漢，還不斷地自言自語。我試著不斷移動，進行合理的、符合期待的、正常的活動：去買日用品、遛狗、和朋友一起吃午餐。我對著每個告訴我一切都會沒事的人點頭，在一個又一個治療師面前禮貌地閉嘴，聽他們叮囑我要快點通過悲傷的各個階段。

於此同時，在我的周圍以及內心，卻充斥著厲聲哭號的巨大痛苦，彷彿冷眼看著這個正常的普通人做出合理的反應。禮貌，假裝一切都很好，假裝經歷著的事情沒那麼糟，假裝可以用符合社會期望的行為來控制恐懼和痛苦。

我可以看出這一切破綻百出，所有理智的人告訴我悲傷的階段、將自己拉出痛苦達到某種崇高的「好轉」、所有的書都說只要想辦法就可以超脫痛苦——我知道這些都是廢話。但如果這麼說破，會被貼上「抗拒」的標籤。我願意放棄許多東西，換取周遭世界真實反映出我的處境。

悲傷支持有點像是理性世界中「國王的新衣」，痛苦中的人知道所謂的支持其實什麼也不是，而儘管心知肚明幫不上忙，抱持善意的人仍然滔滔不絕地說著空洞的鼓勵和老掉牙的錦句名言。我們每個人都知道真相，卻沒有人說些什麼。

如果只把悲傷說得像是智力考驗，動動腦便可以破解，這顯得多麼事不關己，而與真相又是多麼天差地別啊！理智所寫出的文字、判定的階段與合理行為，和正淌著血的內心創傷是完全不同的次元。

悲傷並非理智，而是心靈層面的：悲傷的中心是哭號，真實而沒有修飾。悲傷是愛最狂暴的形式，而本書的第一部分，就是要探索我們的歷史和文化對如是狂暴的避諱。雖然無法改變你失去摯愛的現實，但了解個人經驗和文化的對應關係，卻能或多或少帶來一些變化。

本書的第二部分，則討論我們在悲傷中可以實際去做的——不是為了讓情況「好轉」，而是幫助我們承擔必須面對的生活。即便我們沒辦法修復悲傷，也不代表我們就要在悲傷中束手無策。當我們的焦點能夠從修復痛苦轉變成單純的照護痛苦，整個世界的支持都會彷彿向我們敞開。

就算無法回復成「對的樣子」，但對於悲傷真實面貌的承認和坦白討論，會讓一切有所不同。第二部分探索了許多悲傷最常見，卻最少討論的面向，包含失去的劇烈痛苦對心理和生理帶來的影響。本書提供了一些練習，能幫我們管理不必要或無法避免的壓力，改善睡眠，降低焦慮感，面對與失去摯愛相關而重複干擾我們的畫面，並且找到小小的出口，雖然情況沒有更好，卻似乎能讓我們稍微冷靜、輕鬆一些。

在第三部分，我們會探索身邊認識的人、朋友和家人的支持，這些支持通常讓人充滿挫敗感，但偶爾也備感窩心。到底為什麼在其他方面聰明有見地的人，卻完全不知道該如何真的支持悲傷中的我們？雖然不能怪罪這些「善心人士」，但光是好心好意顯然是不夠的。

該怎麼幫這些想幫我們的人？我希望這本書的第三部分能帶來一些幫助：把這本書送給真正想幫忙的人，讓他們遵循書中的引導吧！書裡有檢核清單、建議，以及以第一人稱寫作的短文，能幫助你的支援小組更有技巧地接觸你的痛苦。同樣重要的是，第三部分也能幫我們釐清什麼人就是無法支持我們，又該如何帶點技巧和優雅地將他們排除在我們的人生之外。

本書的最後一個部分，則是提供一些方式，讓我們在痛徹心腑的喪親之後，還可以繼續向前。如果失去的痛苦無法修復，那麼「好好生活」又是什麼樣子？我們該怎麼在天翻地覆的世界裡活下去？這會是一段漫長而複雜的過程，我們必須帶著愛繼續向前，這和「拋開過去」是相反的。

第四部分深入地討論了我們在痛苦中尋找真正支持和陪伴的方式，以及如何將痛苦與愛整合，與失落共存。而這就是關於悲傷的真相：悲傷會被整合，而不是克服。無論要花多長的時間，我們的心靈和理智都會在一片悲悽荒蕪中，雕刻出新的生命景色。一點一滴地，痛苦和愛會找到共存的方式，我們不再會因為活下來而感到愧疚痛苦。

最後，生命會變成我們所創造的樣貌：以我們所面對擁有的為基礎，最美好的樣貌。願這本書幫助我們找到依然存在的愛，循著愛繼續前進，雖然生命和理想的不同，但事已至此。很遺憾你需要這本書，但我也非常慶幸你來了。

2 句子的下半段：為什麼安慰的話讓人感覺這麼糟

看著所愛的人受苦教人難以承受。愛著我們的人會說，我們夠強壯，可以撐過這些，有朝一日會好起來的，不會總是這麼糟。他們鼓勵我們看向更光明的未來，想著不再承受如此痛楚的時刻。

關於如何盡早脫離悲傷，人們總會有許多建議，會告訴我們假如易地而處的話，他們會怎麼做。他們會分享自己失去摯愛的經驗，彷彿認為所有的悲傷都如出一轍，彷彿只要知道別人也受過苦，就能改變些什麼。

從親密的朋友到萍水相逢的人，每個人對你的悲傷都有一番說法，都希望用某些方式讓你的狀況改善一些。

人們當然會希望讓我們好過一點，這是人性：我們都希望把痛苦移除。我們想要幫忙，也想要受到幫助，我們希望從彼此身上得到自己有能力施予的。

然而，許多悲傷的人非但沒有感受到安慰支持，反而覺得自己遭到羞辱、排拒和輕忽。嘗試著幫忙的人非但沒有發揮功效，反而感到挫敗，覺得自己不被需要和感激。

沒有人得到自己所想要的。

這本書大部分著重在我們文化中面對悲傷和痛苦的糟糕模式，但這一章聚焦在個人身上：我們必須承認，其他人對你的失親痛苦的反應，很可能令你抓狂。這樣的承認很重要，因為思考著到底是其他人瘋了，還是自己「太敏感」，會帶來額外的龐大壓力。我們得承認，其他人試圖安慰我們的方式，確實某種程度讓我們感到不舒服。

他們說的聽起來還好啊，但為什麼我會這麼生氣？

我摯友的父親在我寫這本書的期間過世，她在一個星期後傳了訊息給我：「很多人送了非常溫暖的慰問卡給我，為什麼我這麼火大？我恨他們和他們愚蠢的卡片。就連最溫柔的字句感覺都尖酸到不行。」

劇變帶來的悲傷充滿不可能，不可能「讓事情好轉」。本意是安撫的言語和文字只會雪上加霜，其他人的「幫忙」感覺像入侵干擾，而無論其他人如何試著理解或連結，都會讓我們覺得粗魯而狀況外。對於我們該如何悲傷，又如何讓自己好起來，每個人都有意見。諸如「不經一番寒徹骨，焉得梅花撲鼻香」的老生常談，以及「記得美好的時光」等勸戒，感覺都像在我們臉上甩了一巴掌。

為什麼安慰的話語感覺卻錯得離譜？

伴侶過世前，我正在閱讀偉恩．戴爾博士寫的《每個問題都有靈性的解決方式》。這是本好書，但馬特離開後，我幾次想繼續讀下去，卻總是無法投入。感覺就是不太對勁，彷彿字裡行間有許多小刺，扎得我難以忍受。我試著在曾經帶給我安慰和幫助的文字中尋找慰藉，但這些字句卻失去了魔力。我把書放下，又再次拿起，每個字句都像荊棘那樣難以忍受，於是我又把書放下。

這本書就這麼放在咖啡桌上，一直到幾個星期以後，我偶然瞥見它的書名：每個問題都有靈性的解決方式。

每個「問題」。

那一瞬間，我想通了。或許每一個問題真的都有靈性的解決方式，但悲傷並不是需要解決的問題。悲傷沒有「錯」，也無法「修復」，更不是需要治療的疾病。

假如有什麼事物讓我們感到不舒服，我們就會假定其中出了差錯。因為悲傷使人痛苦，所以我們得出悲傷「不好」的結論。我們常聽到要緩解痛苦、脫離痛苦、夢想著不再有任何痛苦的時刻。悲傷對於我們，彷彿是必須越快脫離越好的情況，是必須治療的疾患，而不是面對死別的自然反應。

大部分的人面對悲傷的方式，都是視為必須解決的問題。我們的家人和朋友看到我們受苦，於是希望能緩解我們的痛苦。無論有沒有明確說出這個目標，這都是安慰的話語，在悲傷中一點安慰效果也沒有的唯一原因。無論有意無意，如果對方的出發點是解決悲傷，就沒辦法提供我們真正需要的支持。

正如我對摯友說的，慰問卡之所以讓我們深感冒犯，是因為追根究柢，它們的目標是嘗試修復痛苦，而忽略了我們的真實處境：這會造成傷害。雖然本意並非如此，但試著美化悲傷或趕走悲傷的人，往往讓情況更糟。這個章節將回顧各種慰問的話語，無論是來自本人或印在美麗／糟糕的卡片上，並探討為什麼有時一片好心卻會帶來反效果。

嘿，我也是！

聽到你的失去時，很多人會試著表現同理心，和你分享自己的悲傷故事。這可能是失之毫釐的「我的丈夫也過世了」，也可能是天差地別的「我的金魚在我八歲時死了，所以我完全了解你的感覺。」

我們分享失去摯愛的故事，為的是要傳達同理心，告訴對方：「嘿，聽著，這條路我也走過，我了解你的感覺。」

分享失去摯愛的故事，是為了嘗試著讓對方在悲傷中不再感到那麼孤單，然而，帶來的效果卻通常不如預期。將不同的悲傷做比較會帶來反效果，一個人失去摯愛的經驗沒辦法套用在另一個人身上，因為悲傷和愛一樣，是相當個人的情感。即便有人經歷過和你類似的悲傷，也不代表他就能了解你。

當某人將自身的經驗和你連結時，是希望能帶走一些你的痛苦。這是真的，但不是全部。每個人都背負著悲傷，從日常生活的小事，到足以改變一生的傷痛。正因為我們的文化不談論悲傷，無論個人或整個世界，都積累了許多沒有言說也無人傾聽的悲傷。而當我們的悲傷顯而易見時，彷彿就像打開了一扇能坦承接納悲傷的大門。當有人開始談論悲傷時，就像突然得到了許可，我們會想：感謝神，我們終於開始談論悲傷了，我要告訴你我承受過的死別之苦！

我們都想要談論自己的悲傷，都帶著需要被聽見、被承認的故事。但現在呢？現在，你深陷痛苦，而失去的悲傷龐大得難以承受？現在並不適合針對彼此經歷過的失去，進行雙向、互惠的討論。

比較悲傷或分享悲傷的故事都不會帶來安慰，當然不會。

這會讓我們感覺，自己的失去彷彿被對方訴說故事的需求給掩蓋——無論那故事發生在多久之前，和我們的失去又多不相關。訴說自身的痛苦會讓對方把焦點從支持你移開，轉為滿足他們自己的需求。這聽起來不太道德，但這只是我們偏差的悲傷文化對我們真實的悲傷過程造成的隱微影響之一。

如果要討論共同的悲傷故事，當然也有適當的時間和地點，但決不是你的世界剛崩壞的時刻。你會覺得被其他人的悲傷故事「洗劫」，因為他們的確奪走了一些東西：你當前處境的絕對重要性。

悲傷競賽

若想藉由分享悲傷來和悲傷者形成連結，往往總是會變成悲傷的比賽，而我稱之為「悲傷奧運會」。誰的痛苦最糟？誰的悲傷比較有意義？如果你曾經告訴某人你們的悲傷經驗不相同，我敢打賭對方一定會抗辯。對方會感到受傷，也受到冒犯。

假如你對於分享悲傷者的回應是：「但這是兩回事。」他們聽到的卻是：「你的悲傷不像我的那樣真實。」他們聽到的是自己的痛苦還不夠強烈，彷彿你侮辱了他們的內心，對他們的痛苦不屑一顧。

一開始只是想建立連結，後來卻會爆發爭執，爭辯著誰的悲傷比較痛苦。我們必須來談談悲傷的階級。我們都有聽過：沒有一種悲傷比其他的更糟。我覺得這句話錯得離譜，悲傷是有等差的。離婚和伴侶去世不同，失去祖父母和失去子女不同，失去工作和失去肢體也不同。

事實是：每一種失去都是真實的，而每一種失去都有所不同。我們不能將悲傷扁平化，說一切都是平等的。並不是這樣的。

或許舉一些不那麼個人的例子，會看得比較清楚：腳趾撞到東西時會痛，真的很痛。在一段時間內，很可能痛得動彈不得，甚至會讓我們跛一陣子。腳被貨運火車扯斷也很痛，卻是不一樣的痛。痛楚不但會持續比較久，傷口也需要時間恢復，恢復期可長可短，也可能有後遺症。傷害會影響你往後的人生，僅剩一隻腳的你再也沒辦法回到以前的生活。沒有人會說這兩種傷是一模一樣的。

撞傷的腳趾會痛，這種痛應該被承認、被傾聽，不該不當一回事。被截斷的腳也不同，應該被承認、被傾聽、被重視。每一種悲傷都是真實的，但不代表每一種悲傷都一樣。就算沒有讓整個世界失序崩壞，尋常的心碎就已經很難受。隨機、突如其來卻改變生命的死亡則帶來不一樣的震盪。沒有比較好，沒有比較糟，就只是不一樣而已。

我們必須謹慎，不將任何人的悲傷排除在外。不論是怎樣的悲傷，每個悲傷中的人都值得被傾聽。然而，在認定每個人的失落都具有同等的重量時，我們勢必無法成功支持悲傷中的人。若不區分悲傷的程度，就沒辦法支持悲傷者。

但當悲傷達到某個程度後，比較就沒有意義了。失去子女和失去伴侶哪個比較糟？突如其來的意外和久病離世呢？自殺或他殺？嬰兒過世，小孩罹癌，愛侶溺斃，地震使得看似堅實的地面崩毀，吞噬了上千人，炸彈無預警地引爆。原本井然有序的宇宙突然裂開，巨大的裂痕彷彿黑洞，而現實的一切都變得無可理喻。要在這樣的痛苦中區分等差是沒有意義的，也不會有任何幫助。

我們必須謹記在心，並且時刻奉行的是：尊重所有的悲傷。無論大小，無論改變是暫時的或永久的，所有的失去都應該被重視，並且不應該被比較。雖然所有的人都經歷過痛苦，但知道這個事實不會有任何幫助。

堅持自己失去經歷的獨特性，拒絕與其他人做比較，並不能幫助我們覺得好受一些，而指出失去經歷的不同程度和深度也不能。

當別人分享經驗，試著減輕你的痛苦時，要記得他們在努力建立連結和同理，也要知道自己確實有感到不愉快的理由：連結並沒有真的產生。他們正不經意地將焦點從你身上移開，轉移到自己的痛苦過去。你的現實處境被抹滅了，這其實恰好和他們原初的期望相反。

接著，不免形成了「我的悲傷比你的更慘」這樣的分化，讓每個人都覺得不受傾聽和尊重。比較對任何人都不會有所幫助。

句子的下半段

就算沒有比較意味，其他人安慰的話語還是可能讓我們覺得差勁透頂。

我們都曾經在「安慰」等式的兩邊：試圖用話語安慰痛苦的人，卻覺得無助、尷尬、荒謬；或是接收其他人的安慰話語，非但沒有感到安慰，反而覺得對方態度輕蔑或紆尊降貴。為什麼我們的本意良善，卻給人完全相反的感覺？

為什麼即便知道對方是好意，他們的話語卻讓我們感到厭煩或痛苦？

讓我們（暫時）先忽略比較過分或荒謬的傷人言論，下面是悲傷中的人可能會聽過的一些表達安慰或支持的話語：

至少你們曾經擁有過這麼多回憶。

你還是能再生一個孩子／找到另一位伴侶。

他們已經到更美好的地方了。

至少你現在知道生命重要的是什麼。

到最後，這會讓你成為更好的人。

你不會一直覺得這麼糟。

你比自己想的更堅強。

這都是上天的旨意。

每件事都有發生的理由。

像是「他不會希望你這麼難過」或「至少你們曾經擁有這麼多回憶」或許

乍聽之下很安慰；但問題是，在這些熟悉的台詞中，其實都隱含著下半段潛台詞，會無意地輕忽或貶低你的痛苦，會偏重在某種替代的經驗，而抹滅當下的現實。潛台詞會告訴你，你現在的感覺是不對、不ＯＫ的。

試試這個

句子的後半段

為每一句熟悉的安慰台詞，都加上「所以別再這麼痛苦了」。

至少你們擁有這麼多回憶。（所以別再這麼痛苦了）

他在自己熱愛的活動中過世。（所以別再這麼痛苦了）

你還是可以再生個孩子啊！（所以別再這麼痛苦了）

如果朋友或家人試圖安慰你，而你產生反感或憤怒時，其實是因為就算他們沒有明說，你卻聽到了句子的後半段。潛在的意思不會消失，在沉默中卻彷彿震耳欲聾：你的感覺錯了，快點停止。

朋友和家人都希望你好受一點，希望帶走你的痛苦。但他們不明白的是，試著帶走痛苦時，其實也代表不重視你悲傷的程度。他們並沒有看見你真實的情況。他們並沒有看見你。

試圖消除痛苦的安慰話語並不能帶來安慰。當你試著帶走別人的痛苦時，是不可能使他們好受一點的。你只是在告訴對方，談論痛苦是不對的。

如果想要真實感受到安慰，重要的是必須覺得自己在痛苦中有人傾聽，看見自己的痛苦最真實地被了解，沒有人試圖降低或稀釋你的感受。乍聽之下或許有點違反直覺，但悲傷中真正的安慰是看見並承認痛苦，而不是試著讓痛苦離開。

每件事都有發生的理由

人類是有趣的生物，每當談到別人的失去經歷，我們總會急切地給予「安慰」、評判，並且試圖找到意義。在失去摯愛後，我們有多少次聽見「每件事都有發生的理由」？然而，這麼說的人在劇變發生於自己身上時，總是第一個跳出來反駁這句話。我們會對別人說出易地而處時，自己絕對無法接受的話語。

諸如「每件事都有發生的理由」和「你會因此變得更堅強／仁慈／有同情心」這類的說法，反而會讓悲傷的人感到憤怒。再沒有什麼比察覺到自己被批評更令人憤怒了，但在這樣的情況中，聽話者卻又不清楚這感覺究竟從何而來。

安慰的話語之所以帶來反效果，絕不只是因為試圖消去當下的痛苦而已。

有些人會說，悲傷使人變得更好、更仁慈、更有同情心；還有些人會說，唯有體認到生活可能在眨眼間面目全非，我們才能了解什麼是「生命中真正重要的」。這些說法都隱含著批判，沒有說出的下半句話暗示著：你需要這個。暗示著在此之前，你並未察覺生命中真正重要的事物，或是你不夠仁慈、不夠有同情心。暗示著你需要這樣的經驗才能成長發展，才能踏上人生「真實的道路」。

這彷彿是在說，身而為人唯一的成長方式，就是承受失去和逆境的砥礪。彷彿痛苦是通往更好、更有深度人生的唯一道路，唯有如此才能使我們富有同情心且善良仁慈。

這樣的說法是也像在說，我們以前不夠好，所以才需要這些痛苦打擊。當然，一切盡在不言中。而假如我們一語道破，說話者肯定會否認。但這些鬼魅般的潛台詞卻真實存在著，而且會造成影響。

假如突如其來的死別劇變，是讓人更有同情心的唯一方式，那麼應該只有自私、冷漠、膚淺的人會承受悲傷，這樣才符合邏輯。然而事實並非如此？那恰好證明了我的論點。我們不需要這樣的經驗才能成長，不需要這種號稱只有悲傷才能帶來的教訓。我們已經是正直的好人了，努力地在世界上走出自己的路。

學習的方式有上百萬種。或許悲傷和失去是建立連結和深刻體會生命的方法之一，但絕非唯一的道路。一名退伍軍人的治療師在一篇研究創傷後成長的論文中表示，回顧時將死別和受傷的劇變視為成長經驗的，往往是那些在事發前對生活已有許多不滿和疏離感的人。他們對於發生的事並不心懷感激，但卻可以在痛苦的陰影中看見自己成長的軌跡。然而，對事發前生命就已經圓滿而深刻的人來說又是如何呢？研究者坦承，這樣的參與者並沒有經歷飛躍性的成長，因為他們已經不需要了。如果對當下的自己已經感到滿意，那麼「變成更好的人」就一點安慰效果也沒有了。

悲傷並不是被選中的少數人才能參與的啟蒙課程。沒有人需要突如其來、改變生命的失去經歷，才能變成自己「應該」成為的模樣。宇宙不是依照因果關係運作，不是因為你需要變成什麼樣子，所以生命給予你恐怖的經歷讓你成長。相反地，人生是呼喊與回應，事情發生了，所以我們吸收並調適。我們對於自身經歷做出反應，沒有好壞之分，如此而已。向前的道路是融會與整合，而不是改善或更正。

我們不需要悲傷，不需要從中成長，也不需要把悲傷拋到腦後。這兩類的安慰話語都太過偏狹，而且充滿批判意味，沒有任何效益。足以改變人生的事件不可能安靜地溜走，當然也不是為了過去錯誤的贖罪。這些事件會改變我們，成為我們往後生命的基底。我們或許會因此成長，或許能追尋更多美麗、愛和圓滿。但這都是因為個人的選擇，出於個人對理想自我的追求，不代表悲傷是成為更好的人唯一的路。

假如你選擇在悲傷中找到意義和成長，那是出自個人意志和對自我認識。但假如有人要替你的失去找到意義，要你成長，便是貶抑了你的力量，暗中批評你過去的模樣，並且告訴你：這就是你需要的。會感覺這麼差也就不意外了。

安慰的話語裡如果暗示著你需要這個、需要這種痛苦讓你的世界崩毀，那麼它絕對不會為你帶來任何慰藉的。這樣的話語都是謊言，而謊言讓人感覺很糟。

檢視自我和現實

在悲傷中，我們受到太多批判糾正，似乎任何事都沒有絲毫幫助。而眼下最重要的，是要知道在我們的文化中，大多數「支持」的目的都是為了解決問題，或是讓我們脫離痛苦。如果我們覺得這麼做不對，那就錯了。悲傷不是一項待解決的問題，而是一種必須背負的經驗。我們該做的是尋找並接受支持與安慰，幫助自己和現實共存。唯有陪伴才能幫助我們繼續往前，而並非修正。

在接下來幾個章節裡，我們會更深入探討西方文化無法正視痛苦的根源。或許文化研究感覺和個人沒什麼關係，但如果能看見問題的嚴重程度和影響，或許能讓我們覺得自己不是那麼地瘋狂和孤單，也能幫助我們找到藏在悲傷和失去裡，那條真正的道路。

3 你沒有問題，有問題的是我們：崩壞的悲傷模式

當你才剛失去摯愛，我們文化中的悲傷模式再怎麼崩壞又與你何干？我的意思是，誰會在乎？悲傷是很個人的，和其他人都沒有關係。除此之外，特別是在悲傷最初期，每個人都覺得你做得不對。你在外在世界反映出的樣貌，會讓你懷疑自己是不是經歷了這些事之後就發瘋了。其他人的粉飾太平或陳腔濫調，讓你在最需要被愛的悲傷中，卻覺得被世界所遺棄。

我們的文化對於情緒素養的缺乏，會密切影響我們的個人經驗。若能體認到這樣的欠缺，就能幫助我們用更正常的心態面對極度不正常的悲傷時刻。你沒有瘋，瘋的是整個文化。你沒有問題，有問題的是我們。

重新檢視學校、教會及任何書本所教導我們的事，無視那些抨擊我們靈魂的內容。

華特・惠特曼，《草葉集》

涓滴式病理學

面對悲傷時，我們彷彿戴上了龐大的現實眼罩。即便病患大都帶著沉痛的悲傷而來，但臨床諮商的訓練課程只花了極少的時間在探討這個主題。課程教授的是完全過時的階段理論，根本無法建立面對悲傷的正確方式。但醫學專家所習得的內容，卻會涓滴滲入一般大眾的想法。

我們的文化對於悲傷的觀點幾乎是完全負面的。悲傷被視為一種病變，使我們從「正常」、快樂的生活脫軌。我們的醫學也認為悲傷是一種失調，相信悲傷是面對艱難處境的短期反映，因此應該在幾個星期內結束。如果悲傷沒有消失，漸漸成為珍貴的回憶，偶爾喚起一絲微笑，那麼就代表你做得不對，或是韌性不夠，不如自己想得那麼健康、有能力。

難過、悲傷、痛苦——這些感受都意味著你出了問題。你被困在所謂黑暗的情緒之中。你沒有遵循悲傷的階段來進展。你一直這麼難過，就是在阻礙自己的復原。你現在出了點狀況，必須處理解決。

當我們用比較正面的態度談論悲傷時，都說悲傷只是幫助我們達到目的的方式。坊間熱門的心理學、自助書籍、電影和故事情節，以及靈性方面的文章，都頌揚著悲傷和失去，稱這兩者是幫助個人成長的方式，而最終的目標是讓痛苦昇華。快樂被視為健康的真正象徵，我們的健康和理智都取決於是否能超脫悲傷，找回內心的平靜和快樂。

在這樣的主流價值中，我們的悲傷沒有容身之處，我們的痛苦似乎連存在的空間也沒有，只會被貼上病態的標籤。

反悲傷的論述，以及荒謬詭異的傳言

在悲傷的初期，無論是關於我的悲傷、面對悲傷的能力，或是馬特這個人，我聽到過許多匪夷所思的說法。有人告訴我，對於「失去男人」會感到難過，就代表我不是很稱職的女性主義者。有人說，如果沒辦法在自己的處境中找到價值和意義，意味著我的性靈發展不如自己想的那麼好。還有人說，馬特根本沒愛過我，能脫離肉身軀殼比活著的任何時刻都還要快樂，他如果看到我這麼糟糕的情況，一定會嚇一大跳。甚至有人告訴我，是馬特和我共同造成這個結局的，我們是故意的。我們在今生簽了某種合約，同意這一切會發生，而既然同意了，就沒有難過的理由。

我也聽過乍聽之下很美好的說法：我堅強、聰明又美麗，一定可以馬上找到新的對象；我能將這樣的悲劇轉化為祝福，想想自己未來能幫助到的人；如果我不再難過，就能感受到他的愛環繞著我（但我必須停止悲傷）。各式各樣的說法，都是為了讓我脫離痛苦和難過，回歸大眾比較能接受的生活方式。

然而，和世界上其他悲傷者分享的相比，我聽到的說法只是小巫見大巫：

是你沒痊癒的健康問題造成小孩罹患癌症；你還有兩個孩子，感謝老天吧；如果天意要她活著，她就不會死了，這是神的計畫；你真的應該趕快撐過去；反正他們本來就不是多好的人；真正有智慧的人才不會讓自己這麼依賴其他人，顯然你們太過依賴彼此了；一定是你的想法造成這種結果，你需要從中學習；要慶幸你至少沒有全身癱瘓；有些人一輩子都沒機會看見自己的堅強，而你卻可以。

遭受人們的批判、批評和不認同，可說是深陷悲傷者的常態而非例外。當然，大部分的人都是「好意」，但本意和言語帶來的實際影響之間，卻存在著巨大的差異。

事實是，人們總以為悲傷最重要的，就是要盡快脫離其中，彷彿悲傷是面對摯愛的人（或事物）離去時，某種奇怪、荒謬、不正確的反應。能好好表達悲傷的時刻和管道微乎其微。而在那之後，人們會期待我們帶著學習到的寶貴收穫，重新回到正常的生活。我們應該要更有智慧、更有同情心、真正了解什麼是重要的。如果依然難過，那就意味著我們有哪一步做錯了。

我們文化中的想法根深蒂固，所以很難具體描述出接收到所謂的悲傷支持時，到底是什麼感受。我們會在第3章裡更深入討論這一部分，但必須先強調：大部分的人之所以不再談論在悲傷中受到誤解的感覺，是因為似乎沒有人想聽。我們不再說「這樣很傷人」，因為沒有人願意傾聽。

被悲傷困住

常有人問我，假如家人或朋友似乎被悲傷給「困住」，應該怎麼辦。我的回應一向是：「對你來說，『沒被困住』是怎樣？你在期待什麼？」

對大部分的人來說，「沒被困住」代表對方已經回到工作崗位，重新找回幽默感，出席社交活動，不再每天哭泣，並且能夠談論除了失落和悲傷以外的事情。他們似乎……又快樂起來了。

我們認為「快樂」就等於「健康」，彷彿快樂是最基本的，是我們應該要有的生活方式，也是一切的常態。簡單來說，「被困住」的相反就是「回歸正常」，而重返正常（快樂）的速度要越快越好。

多久才算太久？

我還記得，在伴侶溺水過世大約五個星期後，我告訴一些人自己過得不太好。他們問我：「為什麼？發生什麼事了？」我回答：「呃，馬特過世了。」他們說：「還是嗎？現在還讓你難受嗎？」

還是，沒錯。五天，五個星期，五年。馬特過世的幾個月以來，我聽過最好的說法是：面對如此深沉的失落痛苦，「才剛發生」可以指的是八天，也完全可以指八年。和摯愛逝世未滿兩年的人對話時，我總是告訴他們：「事情才剛發生，才不過幾分鐘而已，當然還是這麼痛苦。」他們總是很明顯地鬆了一口氣。

我們根深蒂固的想法是，任何類型的困難無論如何都不應該維持超過幾個月。只要超過了，就會被視為詐病。這種看法就好像失去摯愛只是暫時的不便，是微不足道的，千萬不能沉溺在悲傷中太久。

我們的醫療系統將持續超過六個月的悲傷定義為「失調」，而這種需要醫療干預的悲傷徵狀其實十分複雜，包含依戀逝者、覺得不公平、強烈認定世界不可能回復到原本的樣子（以及其他形式的絕望感）。在真實經驗中，這個時間軸會遠比六個月再短上許多。

許多醫護人員和治療師都相信，在悲劇發生幾個星期之後如果還被深深的影響，是錯誤的反應。而醫療體系的觀點會傳遞到一般大眾，更進一步深化了我們必須盡快回歸正常的想法。

將面對失去時健康、正常、理智的反應醫學化、病症化是很荒謬的，而且對任何人都沒有好處。

關於悲傷的階段，以及為什麼治療師會失敗

身為心理治療師，我發現自己常常為了這個職業道歉。讓我心驚的是，有太多悲傷者和我分享他們在尋求心理治療和支持時的慘痛經驗，往往最後得到的都是動搖和憤怒。在這些給予「幫助」的專業裡，面對悲傷的慣例反應卻是不認同、批評、藥物治療，以及設法將悲傷壓縮到最小。

無論依循的是哪一派理論，或是幫助他人的意圖有多強烈，心理治療師時常常是那個現場最沒有助人能力的人。許多悲傷者都曾發現，他們得教育自己的心理師關於悲傷的真實樣貌。

我前面曾經提過，專業治療師通常學習的是五個階段的悲傷模型，由伊莉莎白・庫伯勒—羅斯（Elisabeth Kubler-Ross）在一九六九年出版的《論死亡與臨終》一書中提出。即使這五個階段沒有明言，但卻隱含著諮商師和醫師們認定的「健康」悲傷方式。難怪有這麼多悲傷的人放棄專業的支持：這些階段並不符合現實。

庫伯勒—羅斯博士是根據對於絕症確診者的傾聽和觀察，進而發展出悲傷階段理論。起初只是為了了解臨終者的情緒，後來卻成了面對悲傷的策略。我們期待悲傷者會經歷一連串明確的階段：否認、憤怒、討價還價、沮喪，最終達到「接受」，代表他們的「悲傷反應」已經完成。

這種關於階段理論廣為流傳的解讀方式，暗示著面對悲傷有正確和錯誤的方式，而且每個人都會依循既定而可預測的模式經歷悲傷的過程。我們必須通過每個階段，否則就沒辦法好起來。脫離悲傷是最終目標，我們必須用正確的方式進行，而且越快越好。假如過程中出錯了，就代表你失敗了。

庫伯勒－羅斯博士在晚年時曾寫道，她很後悔寫出如此的階段理論，讓人們誤以為階段是線性的普世原則。悲傷階段的本意並不是告訴人們該感覺如何，又該在何時感覺到，也不是批判人們到底有沒有用「正確」的方式悲傷。無論應用在臨終者或遺族身上，階段理論只是為了讓我們將悲傷視為正常生命的一部分，並且肯定人們處於死亡和悲傷的瘋狂漩渦中的感受。階段理論的本意是帶給悲傷者慰藉，而不是為他們創造牢籠。

死亡，以及隨之而來的種種，都讓人痛苦而失去方向。我能理解為什麼悲傷者和他們身邊的人（無論是否為專業人士），都希望能有某種形式的地圖，或是清楚的步驟和階段，確保最後能成功終結悲傷的痛苦。

但我們不可能強制自己在痛苦中建立秩序，也沒辦法讓悲傷乾淨俐落，更不可能預測悲劇的發生。悲傷和愛一樣個人：每個人生、每條道路都是獨一無二的。世界上不存在任何固定的模式，也沒有線性的進程。

即便很多「專家」這麼相信，但悲傷是沒有階段的。

即便一般大眾多數都相信著，但悲傷是沒有階段的。

能否好好面對悲傷，完全取決於個人的體驗。這代表我們要好好傾聽自己的現實，看見並承認所有的痛苦與愛，也意味著我們必須給予一切真實感受存在的空間，不用任何人為的條件、階段和要求來加以限制。

你或許經歷了許多其他悲傷者也體驗過的事，聽聽他們的分享會有幫助。但將面對悲傷的不同方式加以比較，彷彿連悲傷都有特定的及格標準？這樣絕對一點幫助也不會有。

或許在我們的醫學教育教導專業人士用尊重與照顧的態度面對悲傷以前，我們真的很難找到願意不將悲傷病理化的治療師。

因此，身為心理領域的專業人士，我很抱歉一切這麼困難。事實上，還是有許多高度專業的心理治療師和醫師，我在悲傷初期也尋求了他們的幫助，更在寫作此書的期間持續與他們聯絡。假如你曾經尋求專業協助卻失望了，請不要放棄，這世上還是有很多好人的。（也請參考本書最後的資源部分，提供了在美國全國性和地區性的資源，我相信會是個好的開始。）

”

根據某些診斷的標準，我患有中度至重度的憂鬱症，而我的焦慮程度也相當高。我的治療師建議我服用抗憂鬱的藥物，並接受線上的認知行為治療。離開的時候，我覺得比來之前還糟。我已經不再只是悲傷了，此刻我得了心理疾病。是國家健康服務網路的測驗告訴我的，所以多半不會有錯：面對悲傷，我失敗了。我試著不讓這件事影響我，但又忍不住開始想，是不是自己早該克服悲傷了。畢竟，我已經度過六個月的里程碑。

比弗莉．瓦爾德，「書寫悲傷」課程的學員如此描述伴侶離世後的情形

蝴蝶和彩虹，以及蛻變的文化

造成我們文化中悲傷素養低落的原因有很多，看似簡單無害的老生常談背

後，也隱含了許多訊息。我們已經討論了大部分人對悲傷的想法，以及其背後「解決問題導向」的意涵，但反悲傷的文化根源可能遠比我們想像的還要深遠，而悲傷階段理論的涓滴效應只是開頭而已。

很快地搜尋一下「悲傷」或「困苦」，你會找到成百上千張畫了彩虹的正面圖文，寫著「這一切都會過去」。當然，我們都承認痛苦的事會發生，但只要帶著正確的態度努力，一切都會好轉。畢竟，在我們關於悲傷的電影和書籍裡，喪偶或喪子的人最後總是變得比以前更好。

如果情況有點難過，或甜蜜中帶著苦澀，那也沒關係，因為至少主人公知道什麼是真正重要的。

悲傷的父母會將孩子的逝世轉化為美麗的事物，這麼想吧：如果悲劇沒有發生，就不會有美好結果了。可怕的瀕死意外並沒有帶來死亡，反而讓家人的感情更加緊密連結。

一切都會有最好的安排。我們文化和悲傷的詭異關係，有部分是來自看似無辜的源頭：娛樂產業。

我們文化的故事都是蛻變的故事，也都述說著救贖。書籍、電影、紀錄片、童書，甚至是我們告訴自己的故事，都有著正面的結尾。我們要求快樂的結局，假如沒有，那就是主人公的錯。沒有人想看主角在痛苦中結束的書。

我們之所以相信童話故事和仙履奇緣，是因為這告訴我們只要堅持努力，就能成功。我們迎頭面對逆境，不被困難擊倒，或者至少不要受困其中。我們的英雄人物，無論是現實或虛構的，都在面對痛苦時展現出勇氣。讓人失望的角色或壞蛋，則總是那些太過固執，不願意扭轉痛苦的人。我們的文化講求克服，不好的事情會發生，但我們能因此變得更好。這些是我們常說的故事，而且不只在螢光幕上而已。

社會學家布芮尼．布朗認為我們活在一個「失敗的鍍金時代」，每個人都憧憬狂熱於有著復原治癒人心的故事，在末尾帶來的救贖，對於前面的黑暗和掙扎則掩蓋搪塞。我們文化的論述是：壞事之所以發生，是為了幫助我們成長，無論情況多麼悽慘，最終的結果會讓一切掙扎都值得。只要你相信，就一定會達成，而那快樂的結局一定會璀璨輝煌。

悲傷的人常受到其他人沒耐心的對待，正是因為他們沒有依循文化裡述說的那些故事，好好克服自身的逆境。假如你不「蛻變」，不從中找到美好價值，就代表你失敗了。假如你的速度不夠快，來不及在人們失去注意力前從悲劇中蛻變，便意味著你做錯了。

無論是現實生活或虛擬世界裡，我們對於真相似乎都有著一道禁言令。從整體文化層面來看，我們不希望聽到有什麼事是永遠無法修復的，亦不希望聽到有些痛苦永遠無法得到救贖。

有些事我們只能學著共存，這和最終一切都能獲得解決是不同的。無論在論述中加入多少彩虹和蝴蝶，有些故事就是不會有完美的結局。

抗拒論述

即便不知道明確的理由，但有許多人抗拒上述蛻變的故事，或至少是開始抗拒。所有簡單、刻意的結尾漸漸讓人們失去胃口（雖然速度很緩慢）。

說實話，我認為這是為什麼哈利波特系列小說能如此成功的原因。小說的故事很黑暗，羅琳深入探索黑暗，從不美化修飾。而結尾並不總是美好，雖然也有美好的部分。在哈利波特的世界裡，失去、痛苦和悲傷都真實存在，而且未曾得到救贖。角色們帶著這些情感繼續前進。羅琳的世界讓我們感同身受，深深吸引著我們，因為我們正需要和自身處境更相近的故事。

故事的力量很強大。在人類的歷史中，神話、傳奇和童話故事都為我們描繪生命應該有的模樣，讓我們學習效法。故事幫助我們在廣大的世界中找到自己的位置，至今依然如此。我們如今依然需要故事。我們渴望新的文化論述，這樣的論述必須和我們真實的生活方式切實相符，也和我們的內心相近，而不是只為電視或電影所建構的情節。如果我們想要改變，想要創造真實而有益的全新故事劇情，就必須從拒絕快樂結局開始，或是，重新定義快樂的結局。

如果經歷了妳我這樣深沉的悲傷，快樂的結局就不能夠只是簡單的「一切都是最好的安排」，因為這是完全不可能的事。

新的英雄傳說

馬特過世後，我開始搜尋經歷過同樣死別的人們的故事，尋找那些活在磨滅一切痛苦中的人們。我需要這些故事，需要有個模板告訴我該如何活著。我找到的故事都在告訴我如何脫離痛苦，如何修復一切，如何在最短的時間內讓悲傷昇華。一遍又一遍地，這些故事告訴我，會這麼難過是我自己出了問題。

譴責我的不只是書本而已，我身邊的人們、密友、社群，以及治療師們都希望我好起來，也需要我好起來，因為像你我這樣的痛苦讓人不忍卒睹，我們的故事讓人揪心難受。

這不是他們的錯，不完全是，他們只是不知道該如何傾聽。之所以如此，是因為我們述說的所有故事裡，痛苦都能得到救贖：沒有任何故事告訴我們該如何活在痛苦中，也沒有任何故事教導我們如何面對痛苦的人。我們不談論無法修復的痛苦，這麼做是禁忌。

我們不需要新的工具來脫離痛苦。我們需要的是面對和承受的能力和方式，這不只能幫助自己，也幫助他人。

身而為人，我們共同背負著無人傾聽的陳年悲痛，只因為沒有故事能夠幫助我們去傾聽。我們必須述說新的故事，述說痛苦、愛和生命的真實樣貌，述說面對無法修復悲傷的勇氣。我們必須互相幫助，互相扶持，因為痛苦和悲傷都會發生在我們的人生中。

假如真的想幫助痛苦的人，我們必須先抗拒主流的觀點，不再將痛苦視為異常的狀態，需要尋求轉化或救贖。我們應當捨棄悲傷的階段理論，畢竟打從一開始，這套理論就無意套用於所有人身上。

若我們能述說更好的故事，就能建構出更善於傾聽的文化：在無法化解的悲傷面前，我們只要出現和陪伴就好。若我們能述說更好的故事，就能學習成為彼此更好的陪伴者。

並不是所有的痛苦都能得到救贖，真正的勇氣，或者是英雄人物，並不意味著要克服痛苦，或是將磨難轉化成祝福。勇氣是在痛苦到寧願一睡不醒時，依然醒來面對每一天；勇氣是在心碎成拚不回去的千萬片時，依然面對自己的內心；勇氣是站在某人生命出現的黑洞邊緣，不轉身逃避，也不用「正向思考」這種片段的貼圖來掩飾自己的不適。

勇氣是讓痛苦展開，佔據所有需要的空間；勇氣是述說真實的故事。

這讓人恐懼，但也很美。
這是我們需要的故事。

還有更多的故事……

這個章節裡，我們談了許多文化的範疇。更宏觀的眼光，可以幫助我們在悲傷中不再覺得自己是異類，不再如此瘋狂難受，在尋求專業或他人支持時，也會有所助益：先找出那些不遵從悲傷階段理論，或文化中轉化悲傷論述的人吧。

若想要更深入了解人們對悲傷的集體逃避，或是探索以悲傷為恥的根源，請接著閱讀第4章。假如這些已經讓你覺得難以承受了（初期的悲傷常使人難以吸收資訊），請直接跳到第5章，你將讀到悲傷支持的新願景，以及如何與悲傷共存。

4 情緒素養不足與責怪的文化？

我們的文化中，關於悲傷和死亡的部分可說是怪異之至。我們會加以批判、責怪、解構，並且試著最小化。我們不斷尋找問題，彷彿想證明一切都是咎由自取：她運動量不夠，沒有補充足夠的維他命，或是補充得太多。他不應該靠路的這邊走。這個國家的雨季向來有水患，他們根本不應該去。明知道最近治安不好，她根本不該去酒吧。看他現在這麼難過，想必在事情發生之前狀況就很不穩定了。我猜他們一定有童年的未竟事件：瞧，這就是過去創傷會造成的影響！

我有個理論（雖然還沒有科學證明）：一個人所經歷的傷痛劇變越突如其來，就會聽到越多的批評和糾正。這就好像我們沒辦法接受一個吃早餐時還好好活著的人，午餐前卻已經過世。我們不能理解，為什麼吃得好、天天運動、為人和善的人，會在三十四歲時罹患癌症過世。我們不能理解，為什麼明明很健康的孩子，卻在小小的感冒咳嗽後一病不起。為什麼有人騎自行車上班時，明明騎在自行車專用道上，穿著反光的服裝，車上也裝了閃燈，卻還是會被撞到導致瞬間死亡。一定是他們做錯了什麼，一定得有個理由。

如果一個人似乎什麼都做對了，卻還是可能會死，這麼想起來真的讓人害怕。看著別人被悲傷撕裂也很可怕，因為我們都知道，自己有一天也會面對同樣的情況。

這樣的失去和痛苦更突顯了生命充滿不確定的本質，生命要發生劇變是如此容易，教人猝不及防。

馬特過世後，我讀到一則相關的新聞（唯一的一則），責怪他沒有穿救生衣，才會導致溺斃。穿救生衣去游泳。文章下面比較有禮貌的評論將馬特形容成天使，看顧著每個人，即便是不認識他的人。他在這個世界上的工作已經完成了。有更多評論則指責我不應該「逼」他下水，或痛罵我們太愚蠢沒有常識。

馬特過世的日子裡，我不只一次偷聽到人們的對話，都在苛責我對馬特過世的反應。要知道，我並沒有在公共場所大吼大叫，沒有胡亂打人施暴，也沒有在哪裡引發混亂。我只是非常、非常難過，而且對此相當坦承。

檢討受害者與責怪的文化

我所經歷的責怪和批判，無論是針對我的悲傷或是馬特的死，都不是唯一特例。大部分悲傷的人都曾經在痛苦中，覺得自己受到批判或羞恥。

特別是當你的經歷很不尋常，牽涉到暴力或是意外，你所接收到的責怪就會格外激烈：我們會立刻指出其他人做錯的地方。那個人做了什麼荒謬或愚蠢的事，是我的話絕對不會那麼做。這在某種程度上會使我們安心，相信自己有足夠的常識，讓自己和所愛的人都能夠很安全。而假如不好的事真的發生（絕不是我們自己的錯），我們也能夠堅強地處理面對。悲傷不會讓我們一蹶不振，我們能比其他人處理的更好。一切都會沒事的。

布芮尼．布朗博士的研究指出，責備是我們宣洩痛苦和不適的管道。急遽的悲傷提醒我們生命如此稍縱即逝，其他人的夢魘證實著我們很可能會是下一個。這都令我們感到難受，我們必須做點什麼（或者該說想點什麼），才能減緩這樣的不適，並且維護自己的安全感。

如果當你在痛苦中，有人對你說：「我根本無法想像。」事實是，他們可以想像，他們的大腦已經自動開始想像了。身為哺乳類動物，從神經生物學的角度來看，我們彼此相連。同理心其實是我們的邊緣系統和其他人的痛苦（或喜悅）產生的連結。接近其他人的痛苦，會讓我們感到痛苦，因為大腦知道我們彼此相連。

看見痛苦的人會引起我們的反應，而這樣的反應讓我們很不舒服。當我們的內心察覺到，自己也可能身陷同樣的處境，就會關閉同理心的中樞。我們抗拒彼此的連結，轉向批判和責怪。

這是我們情緒上自我保護的直覺反應。

在個人的層次我們會這麼做，全球的層次亦然，這從我們文化長期對於女性和少數族群的暴力就可見一斑：受害者一定是做了什麼，才會咎由自取。從人們對於大型自然和人為災害的反應也可以看出：在二〇一一年的日本海嘯之後，有人說這是珍珠港事件的「因果報應」。

我們對於其他人的痛苦，在許多方面和形式，都是用責怪來反應：假如發生了什麼糟糕的事，一定是你自找的。

責怪其他人的痛苦（無論來源是悲傷或是人際間的暴力）是我們的直覺反應機制。我們可以迅速地妖魔化對方，而非試圖同理；迅速針鋒相對地辯論，而不是坦承面對痛苦的處境。

在我們對於悲傷的恐懼，以及面對悲傷和失去的方式的最根源，有著對於連結的恐懼。我們害怕去承認、害怕真實感受到彼此間的緊密關聯。發生在其他人身上的事，其實可能發生在任何人身上。我們在其他人的痛苦中看見自己，而這並非我們所樂見。

災難和死亡會帶來一定程度的同理反應，驅使我們深入其境，承認無論多麼努力保護防備，這都可能發生在自己或所愛的人身上。我們不願看見人生中自己所能掌控的其實少之又少，於是幾乎會無所不用其極地迴避。因此，最初的邊緣系統連結，就轉變為腦幹的生存直覺，這種排拒他者的反應會將痛苦的人歸在錯的那邊，而我們則永遠在對的那邊。我們會和痛苦保持距離，不願意被其淹沒吞噬。

責怪的文化能讓我們安全；或者應該說，讓我們相信自己很安全。

為什麼我們總是避免痛苦

我們迫切地想要確保所愛的人都很安全，而且永遠都不會受到危害。我們迫切地想要相信無論發生什麼事，自己都能存活下來。我們想要相信自己能掌握一切。為了維護信仰，我們的文化創造並維持著一套虛幻的美好信念：只要抱持正確的想法、做正確的事，跟上時代／不過度依附／夠樂觀正面／信仰忠誠，一切都會很美好。在第3章，我們討論了文化的救贖和轉化情節，這也是生存安全機制的一部分。

痛苦和悲傷從未被視為面對失去的健康反應，因為這兩者都太具威脅性了。我們對於痛苦和悲傷的恐懼有多深，抗拒就有多深，唯恐自己會遭到吞噬。

問題是（或問題之一是）：這會讓社會建構並接受責怪批判的結構，任何艱困和痛苦都會遭受到羞辱和批判，以及盡快回復「正常」的催促。假如沒辦法超脫痛苦，就代表你又做錯了什麼。

那麼神呢？

如果在討論文化中對於痛苦的迴避時，沒有提到組織性宗教扮演的角色，那就是我的疏失了。當所愛的人生病或陷入危險時，我們會祈禱他們能平安。假如他們活下來，我們會感謝神讓他們逃過劫難。

「感謝神的保佑」，是人們在事情圓滿時傳達慶幸喜悅的常見語言。正如我們在第２章所討論的，這句話有隱含的下半段：假如神拯救了某些人，特別是在禱告之後，那麼意味著其他死亡的人，或是結果不如人意的，都沒有受到保佑。或許是禱告詞以及努力禱告的人都失敗了，又或許捉摸不定、全知全能的神有不拯救他們的理由。正如雪兒·史翠德寫下的，若相信宇宙存在掌控一切的力量，能決定人的生死，就會建構出「虛假的階級關係，當中有些人蒙福，有些人則受到咒詛」。

事實上，史翠德的描述太精闢，我也無法再寫得更好了。在《暗黑中，望見最美麗的小事》這本書裡，一位母親思考著上帝在孩子從致命疾病中痊癒所扮演的角色（或是上帝為何一開始要賜予她孩子），史翠德與她對話，並問她假如神讓她的孩子死去，她是否還能保持信心：

> 有無數的人因為信仰無法解釋或辯護的理由而受苦受難。而你提出問題（為什麼上帝這麼做？）則會創造出虛假的階級，區隔蒙福和受詛的人們。用個人的好運或厄運當作上帝是否存在的試驗，只會建構出不符合邏輯的二分法，並且降低我們的同情心。其中暗示著，只要虔誠就會得到報償，是違反歷史、現實、道德和理性的。

很多人相信神可以因為受到人類請求而改變決定，其間牽涉錯綜複雜，在人類的歷史中不斷磨難著人們。我們無法接受慈愛的神（任何文化傳統皆然），竟會讓個人或全球性的災殃發生。面對認知的失調，我們只好告訴自己宇宙間存在某種力量，是可能透過自身的行動和祈求來討好或觸犯的。這會讓我們覺得自己在看似隨機而且充滿不公義的宇宙中，擁有一些力量和控制。

無論任何文化傳統的根基，都是呼籲我們不管人生如何，都彼此相愛陪伴。信仰的本意並非是一種改變任何結果的手段。如果相信神會像販賣機一樣，根據我們對「蒙福」的觀點改變而掉出獎勵和懲罰，其實對於艱困中想依靠信仰的人來說，反而是種阻礙。對於信仰的定義太過狹隘，其實也貶低了我們自古的美麗傳統：相信有比我們更偉大的存在，能幫助我們活下來。這樣的存在能與我們並肩，幫助我們面對自己的生命，卻不會告訴我們誰是對的，誰是錯的，誰該受到拯救，又有誰該繼續受苦。

我們用信仰來掩飾對於安全、控制和連結的恐懼，但這只是責備文化主流的其中一部分而已，並且為已經很艱難的道路再加上信仰的殘酷。

正向力量的邪教

即便所有的事都做「對」，也可能發生糟糕的事。與之相比，創造一系列規則，帶給我們一切都在掌握中的幻覺，要簡單得多了。這種「責怪作為一種安全形式」的概念源遠流長，從人類歷史初期就已經存在。檢討受害者（以及羞辱悲傷）是如此無孔不入，我們甚至有時不會察覺。

在過去，組織性的宗教傳播一著不慎，全盤皆輸的世界觀；對於困難、死亡和悲傷，現代文化則提倡新世代、正念、瑜珈式的說法：由我們創造自己的現實。每件發生在外在的事，其實都只是內在事件的鏡像反映。我們讓自己多快樂，就能多快樂。悲傷和感恩沒有同時存在的空間。意念就是一切。快樂是內在的功課。負面的態度是我們唯一的障礙。

即使我們稍微讓步，承認事情的發生超乎我們的掌控，但卻仍堅持我們的反應仍在自己的掌握中。我們相信難過、憤怒和悲傷都是「黑暗」的情緒，來自未經開發、能力不足的心智。我們或許沒有能力預防發生的事，卻能單單靠著下定決心讓自己好好地，來減輕事情的影響。任何持續低落的跡象，都證明了我們沒有用正確的觀點來看整件事。

關於掌握自己情緒即掌握人生的建議，雖然聽起來讓人振奮，但潛藏在其中的依然是責怪的文化。包藏在這種正向、偽靈性的說法之下的，是我們對於痛苦的迴避，我們已經預設快樂和知足是健康唯一的標準。

❞

你離開已經超過三年了，我卻仍厭倦人們問我：「你好嗎？」他們真的覺得我會說實話嗎？我已經厭倦人們告訴我，一切在出生前就已經決定，我們都同意你的死會是我們靈魂的功課。沒有人想承認一切可能都混亂無理，有些事情就是會發生，例如車子把人輾過去，例如子彈穿過頭顱或撕裂心臟，例如血栓充滿肺部讓人無法呼吸，或是癌細胞漸漸吞噬僅存的軀體。就算相信天意注定的人生，也沒辦法減輕摯愛離開的痛苦。我已經厭倦人們告訴我，你的死亡和我的心碎都是有理由的，只要到了另一個世界就會了解。一切永遠不會有道理，即便我的心已經不再痛得椎心刺骨。我想念你，希望你沒有離開。

德魯．威斯特，「寫作悲傷」的學生

關於女兒茱莉亞的離世

積極正面錯了嗎？

作家學者芭芭拉．艾倫瑞克稱之為「正向思考的霸權」。對她來說，關於正向思考機制的經驗（以及被迫的「樂觀未來」）首先來自對抗癌症時，人們勸戒她將診斷視為祝福，為了打敗病魔，必須禁絕所有的「負面」情緒。

我發現的第一件事，就是似乎不是每個人都帶著恐懼不安面對這個疾病。相反地，唯一恰當的反應是振奮鼓舞，這意味著要抗拒人情之常的憤怒和恐懼，將一切掩蓋在人工虛假的歡欣面具之下……毫無疑問，假如正向思考「失敗」，癌細胞擴散而治療無效，那麼問題就大了。彼時，病患只能責怪自己：她不夠正向，或許一開始就是態度太過負面才會招來疾病……在美國文化裡有種我不曾注意到的意識形態，鼓勵我們否定現實，快樂地臣服於不幸，無論發生什麼事都只責怪自己……事實上，無論遇到什麼問題或阻礙，總是有人提出正向思考作為解決的方式。

艾倫瑞克接著研究兩千年代中期金融危機中的正向思考，以及其對於失去工作、房子和退休金者的影響。面對貧窮和其他經濟壓力，許多人卻聽過裁員和失去家園都是種祝福，而假如想真正獲得成功，只要相信自己，保持正向的態度就好。只要信念夠堅定，任何外在的障礙都可以克服。對於造成經濟崩盤的企業來說，如果想推卸責任，強制正向思考是個聰明的策略。正如艾倫瑞克所寫的：「若要安撫不滿的情緒，有什麼比告訴受苦的人『一切源自態度』更好的方法呢？」

如果要讓痛苦靜默下來，還有什麼比責怪痛苦的人更好的方法呢？

這種地毯式掩蓋埋怨、不適和懷疑的法則，其實有很深的根源。歷史上，統治者或政府為了要迴避造成貧窮、暴力、不平等或動盪的真正理由，同時又要消弭不滿，於是只能強制推行樂觀主義，並且讓對於情勢的正確解讀噤聲。分享自己對當前情勢的懷疑和恐懼可能招來殺身之禍，或是遭受驅逐（在許多文化中這和死亡無異，因為這代表個人脫離了群體的保護）。假如強制的樂觀主義沒辦法根除反叛，那麼將焦點從現實轉移到某種應許之地或天堂般的未來通常來得有效：現在受的苦越多，代表將來會獲得的獎賞也越多。這一切都是試煉你面對壓力的表現。

回溯到作為西方文化基石的古老宗教傳統。假如生命中出了什麼錯，代表你做錯了什麼，觸怒了神祇（或是統治階層），沒有好好遵守規矩，要為自己的原罪付出代價，當然該受到處罰。假如你已經把所有的事都做對了，事情卻還是出了錯，那麼你的賞賜會在天堂等候。受苦的人最接近神，你的賞賜都在來世的應許之地，在神話般更美好的時間裡，一切都會變得美滿。

這樣檢討受害人和推崇受苦都不是什麼新的觀念，只是現在的人們能用更美好的話術來包裝而已。世界上有些政府至今仍將責備作為轉移注意力的政治手段，而同樣的現象也出現在許多文化面對悲傷失去的方式。在大眾心理學和新世代版的東方哲學裡也是，只是做了點微調：假如你很痛苦，是因為你並沒有遵循自己真正的樣貌。若能更接近自己的「核心」，就應該能預見你的痛苦。疾病或困難是心懷負面情感或憎恨的徵象，而潛藏在想法中的惡意會以具體的形式展現出來。

當然，假如壞事發生了，我們會為你感到遺憾。東方的傳統教導我們，人皆有不忍人之心。但事出必有因，假如你更注重靈性的發展、更堅定踏實、更接近真實的自己和世界，那麼或許災禍就不會降臨。或許你是在償還過去的因果，或許你是為了未來累積福報。廣義來說，我們都接受了這類「人生課題」。若我們在悟道的路上，努力修練自己，卻遇到災厄，那麼最有智慧的反應就是超脫苦難。學習不受到束縛，不被壓力擊垮，找到光明的一面。

某種程度來說，我們天生注定要接受痛苦這份禮物，需要痛苦讓我們變成更好的人，不能讓失去的悲傷將我們帶離正常、快樂、美好、樂觀的生活。痛苦的情緒狀態不應該持續太久，只是路途中的小坑洞，我們終將通往更明亮美好（或至少更「正常」）的未來。痛苦使我們成長，這是我們文化述說的故事，推崇痛苦的昇華，同時卻堅定逃避現實世界的痛苦。

靈性的逃避和智慧的迷思

當我們探索靈性、冥想或其他自我反思和成長的工具時，責怪的文化和對悲傷的壓抑就變得格外錯綜複雜。

我們認為，在靈性方面修為較高，就代表不能因為任何事物而難過。我們藉由宣稱自己超脫痛苦，來隱藏真正的感受，或是認定自己精熟東方「無牽掛」的概念。因此，為了任何塵世之物而悲傷都代表我們修行不夠；無論情勢如何都能保持冷靜，不受影響，則象徵我們的靈性和情緒發展成熟。

我們同時也認為，所有靈性的修行目的都在於帶走痛苦，讓我們的心如明鏡止水。修行的工具有個共通的目的：讓我們感覺好過一點。

無論我們的文化如何堅持，靈性的修行和冥想都不是為了消除痛苦。這只是我們文化迴避痛苦的徵狀而已，和修行的真髓相差甚遠。我們誤用了許多美好的教誨，追求著錯誤的目的。

任何文化傳統中的靈性修行（包含許多形式的冥想內觀），目的都是幫助我們經歷自己的生命，而不是超脫一切。這些工具和方法讓我們在悲傷中不感到孤單，進而在難以忍受的情境中得到絲毫的喘息空間。這和帶走痛苦截然不同。

任何傳統中的教誨都不是要幫助我們超脫人性，而是幫助我們更貼近人性的本質：讓彼此間的連結更緊密，而非更疏離。

我們現在所說的性靈逃避，很多是來自多年的大腦和心靈分歧：試圖靠著提升智識，來壓抑人性情感。之所以這麼做，是因為生而為人，本身就是一件很痛苦的事，因為愛而感到痛苦，因為我們和身邊的人相連著，他們死去時會讓我們痛入骨髓。失去摯愛讓我們痛苦，而關注靈性會讓我們更願意接受痛苦和磨難，而這些都是愛的一部分。

提升到理智的層次、說著性靈的名言警句，這不過是保護我們不去面對真實感受的又一種方式。我們試圖透過否定依附和牽掛，來保護自己的依附和牽掛。我們或許會宣稱這是境界更高的思想，但這不過是大腦求生存的直覺反應罷了。我們真正需要的是邊緣系統：能在其他人身上看見自己，並且以愛回應。

生而為人很痛苦，而度過痛苦的方式並不是否認，而是真實地去經歷體驗，允許痛苦存在，允許痛苦發展，不要試圖停止或壓抑痛苦，不要依靠現代更新潮的抗拒模式：宣稱會感到痛苦，是因為修為不夠。這都是垃圾話，是菁英主義。同樣的道理，我們不「允許」痛苦，希望能回到正常的快樂基準線。

我們允許痛苦存在，因為痛苦是真實的，因為接受比抗拒更容易。即便痛苦將我們撕裂，接受卻也比否認更溫暖、柔軟、溫和，也更容易承受。看見痛苦，不壓抑也不否認，才是真正的智慧。我們的情緒必須有足夠的韌性和智慧，才能在看見失落的真實樣貌後，仍不會因為不安而移開視線。

無論是何種信仰或修行，都不應該逼迫人們超脫痛苦，或是用任何方式否認。相反地，修行通常會使我們的感受更強烈，而非更微弱。假如我們已經崩潰殘破，正確的反應就是跟著一起崩潰殘破。假裝事實並非如此，不過是一種性靈的傲慢而已。

性靈逃避是利用性靈上的信仰來逃避面對痛苦的感受、未癒的傷口和發展的需求。性靈逃避的現象太過普遍，大多時候我們甚至不會察覺到。任何宗教傳統，無論是基督教的戒律或佛教的，都給了信徒利用看似有智慧的活動，來逃避不適感受的簡單藉口。然而，這些活動都和基礎的心理需求脫節，往往造成的傷害會大於帶來的益處。

羅伯特・奧古斯都・馬斯特斯

《靈性歧路：揭露新時代靈修華麗糖衣下的誤用與陷阱》

請記住，就算我們感到難過，也不代表我們在性靈或情緒智慧上有任何失敗或不足。會感到難過再合理不過，而願意坦誠面對自己的痛苦，正是情緒成熟和深度的象徵。同理心代表對自己和他人的感受都能感同身受，是情緒和心靈發展真正的印記。

我對於初期諮詢的佛教法師深感憤怒。在我絕望時，他要我在悲傷中「懷抱正念」，並告訴我四聖諦：我的痛苦皆是意念，我必須拋下自己的罣礙。這是我聽過最殘忍的話語。他不斷說：「一切皆意念，一切皆意念。」當我在痛苦和淚水中顫抖地問：「那我們的心呢？」他卻沒有答案。

莫妮卡．柯林，「寫作悲傷」的學生
關於丈夫弗雷德的意外過世

逃避悲傷的代價

說了這麼多逃避痛苦的歷史根源，我大概聽起來就像個壞脾氣的糟老頭，抱怨著整個世界。某種程度來說，我確實就是這樣。然而，要知道的是：我每天都在聽痛苦中的人們訴說實際悲傷之外的痛苦。一遍又一遍，我傾聽被批判、輕忽和誤解，究竟有多麼痛苦。

正向思考的邪教只會對每個人造成傷害，讓我們誤以為自己對世界有著掌控權，並且要對承受的所有痛苦和心碎負責。在這樣的世界觀裡，我們每一步都要謹慎小心，不能觸犯神明，不能有負面的想法和意圖，否則將招致報應和病疫。正向思考結合了撫慰和解放的方式，卻使用在錯誤的地方：否認和自我欺騙。這讓我們對悲傷中的人說著無用的安慰小語，一方面忽視最真實當下的痛苦，一方面高唱著想像中未來的榮耀和獎勵。

我們面對悲傷的方式，其實也反映出面對生命大多數事物的方式。哈佛醫學院的心理學家蘇珊．大衛寫道，我們文化對話的本質就是逃避。當我們開始拆解悲傷和失去的相關論述時，也深深體認到這個觀點是如此真實，而生命中牽涉到的領域又是如此廣泛。

若想要表現得更好，想要不只為了悲傷者，也為了每個人而做出改變，就得討論以任何形式否認悲傷所要付出的沉痛代價。

在個人層面，壓抑痛苦和艱困會造成內在難以平衡維繫，於是必須靠藥物協助控制真實的悲傷，才能維持表面上類似「快樂」的狀態。我們不太擅長對自己說謊，絕口不提或矢口否認都無法讓痛苦離開，反而會無所不用其極地引起我們的注意，通常會導致物質成癮、焦慮和憂鬱，以及社會孤立。不被傾聽的痛苦會引發惡意傷害的輪迴，將受害者困在疏離或是將創傷轉移到他人身上的模式中。

我們的本質無法忍受痛苦、艱辛和恐懼，因此會使我們在面對全球性的悲劇時動彈不得。世界上的痛苦太多，教人震懾，於是我們努力不去看見。我們竭力避免和他人感同身受，所以和環境災害、人口販賣、虐待兒童、性交易、戰爭和各種仇恨犯罪保持距離。當我們真的看見痛苦時，則立刻燃起熊熊怒火，而不是在悲傷中崩潰。社運分子兼作家喬安娜．梅西談論大部分社運人士心中不被承認、不受歡迎的痛苦。彷彿我們害怕全心的悲傷，會或使我們失去言語和力量，沒有辦法繼續前進。不被看見的痛苦最終將使我們燃燒殆盡，與生命失去連結，並且對於持相反意見的人極度缺乏同理心。

我們文化習於逃避，甚至詆毀，人性本然的痛苦和失落。這帶來許多的問題，甚至可以說，說不出口的悲傷彷彿是一種最嚴重的傳染疾病。

因此，雖然這一章主要關注的是更廣泛抗拒悲傷的文化，因為這和個人悲傷息息相關，但也必須正視問題的嚴重性。對於痛苦的禁言令無所不在，如果想克服我們逃避痛苦的文化，每個人都必須付出努力。

總會有一些人，我們可以坐在他們身邊哭泣，卻依然視我們為戰士。

雅德利安・里奇《源頭》

依附是生存之道

我們必須迎接並了解痛苦，給予痛苦實際的空間，否則就沒辦法把事做好，無論是個人層次的活下去，或是全球層次的創造安全、平等和美麗的世界。我們必須說出真相，而不害怕因此被貼上軟弱和破損的標籤，也不必擔心無法滿足文化對故事情節的期待。我們必須努力讓談論痛苦和談論喜悅一樣正常，不需要倉促地追求救贖。

困難、痛苦、可怕的事確實會發生，這是活在世界上最自然的本質。不是每件事都有好結果，也不是每件事都有理由。繼續向前的真正道路不是否認痛苦可能無法救贖，而是承認並接受它。我們必須讓文化變得更堅強，足以正視真實的痛苦。我們必須在痛苦中團結，即便知道同樣的事也可能會發生在自己身上，仍開誠地面對其他人的痛苦。

當我們害怕失去時，就會執著於判斷對與錯、好與不好，以便保護自己和摯愛的連結。我們總以為只要在自己和痛苦間架起足夠的障礙，就能幫助我們活下去。

深植在我們心中的，是對於痛苦和艱辛的逃避，也不願意正視它們一眼。然而，這會使我們永遠得不到真正想要的：安全。愛、連結和親情所帶來的安全。我們努力保護自己，不想要失去這份安全，卻也因此沒有真實地活在其中。

麻煩的是，我們無法在必須說謊隱瞞真心，或是假裝許多事都在掌握中的世界裡，真正地活下去。這樣的世界只會讓我們更焦慮、瘋狂，迫切地想讓一切都有好的結果。

在這個世界上想要得到「安全」，最有效也最快速的方法就是停止否認，承認痛苦艱鉅的事確實會發生。說出真相，才會讓我們建立起連結，完全進入其他人的經驗中，進而和他們感同身受。

真正的安全是進入彼此的痛苦，並且在其中看到自己。就像我最年長的師長曾經說過的，強烈的感受就是親情，是我們緊密連結的證據。我們能感受到彼此的痛苦，正顯示著我們的連結。我們的邊緣系統、我們的心和身體，都是為此而生：我們渴望這樣的連結。

假如我們能在其他人的悲傷中看見自己可能面對的？這是一種美，強烈的感受就是親情。

當情緒浮現時，我們可以任強烈的感受席捲我們。雖然會痛，但痛苦源自於我們彼此相關，緊密連結，痛是應該的，沒有什麼不對。當我們承認痛苦和悲傷都是面對失去的健康反應，才能帶著優雅和技巧回應，而不是拚命責怪或逃避。我們可以透過給予彼此無條件的愛來回應。

找到安全感意味著敞開心胸，帶著接納和好奇心面對我們所有的體驗：愛、喜悅、樂觀、恐懼、失去，以及心碎。當我們能用愛和連結回應一切時，我們就能擁有足夠的安全感，而外在世界的力量也無法動搖。安全感無法保護我們不經歷失去離別，但卻能讓我們在無法修復的情境中，感受到接納與支持。

真正的成長是能夠和他人一起痛苦，是陪伴而非糾正批評。受到認同，也就是生命真實的樣貌被正視也被傾聽，才是悲傷唯一真實的解藥。

5 新的悲傷模式？

追溯了文化中逃避悲傷的根源後，我們該如何找到出路？我們，不只是個人，而是整個文化，該如何面對現實，接受有些痛苦就是無法修復？我們該如何了解到，悲傷最好的回應是陪伴，而非糾正？

讓我們暫時先把整個文化層面的東西放到一邊，轉向個人層面和自身的痛苦。我們該拿痛苦怎麼辦？如果沒有人願意談論，活在難以忍受的痛苦中是怎麼一回事，我們又該怎麼活下去？

我們必須找到新模式，找到新的故事作為活著的範本。

對於悲傷，我們一直以為只有兩個選項：你可能會深陷痛苦，餘生注定都要穿著像布袋一樣的衣服，躲在地下室角落的搖椅；或者你會戰勝悲傷，讓自己昇華，變成更好的人，活出更好的人生。

只有兩個選項，開或關，完全崩潰或完全治癒。即便生命中的其他事物都不是這樣的二分法，不知怎的，只要提到悲傷，人類經驗的寬廣可能性都被視而不見。

在兩種極端之間，其實有著各種折衷的可能性（就像生命中所有其他事物一樣），但我們卻不知道該如何討論。如果踏出文化主流的二分法模型（徹底崩潰或完全痊癒），我們似乎就不知道該如何談論悲傷了。

這樣的選項太狹隘，我沒辦法在其中發展，因為太不符合現實了。我無法採用轉化悲傷的模型，因為有些事不會有快樂的結局。我不能用美麗的蝴蝶結緞帶把一切包裝起來，說：「一切都會沒事，你會比以前更好。」因為連我自己都不相信，而且現實並非如此。

然而，我也不能不留下任何引領你的訊息，不能只丟下一句：「抱歉，一切都糟透了，而且會永遠糟糕下去，你永遠不可能會比較好過的。」我不能丟下你，或是任何其他人，在地下室角落的搖椅上。那樣也不對。

所以我要提出第三條路，一條折衷的道路。不是全開，也不是全關，而是透過關注和傾聽來照顧痛苦與悲傷。不是轉過頭去，也不是倉促地追求救贖，而是就站在原地，站在崩壞的宇宙中。設法在其間找到容身之處，設法證明自己能選擇另一種活下去的方式，而不需要做出兩難的抉擇：是要把摯愛留在身後，然後「好起來」，或是維繫著和摯愛間的連結，並且被悲傷給「困住」。

找到折衷的地帶才是悲傷真正的功課，不只是我，對每個人來說都是。我們每個人都必須找到通往中間地帶的路，在其中沒有人會要求我們否認悲傷，也沒有人告訴我們這一生都完蛋了。在其中，我們的悲傷被全然地正視和尊重，我們的愛也是。

> 成年之後，我們唯一的選擇就是壓抑自己的軟弱。然而，習慣了逃避以後，我們要怎麼變得更寬大、勇敢和慈悲？在面對失去的痛苦時，我們若不是選擇竭力隱藏軟弱，就是不斷計較、抱怨，充滿後悔和恐懼。我們總是站在生命的門口，卻沒有足夠的勇氣進入，不願意冒險，也就沒辦法完全進入生命真實的存在。
>
> 大衛・懷特《藉慰》

奧祕與解答

關於悲傷初期的文字並不多，畢竟事件才剛發生，任何文字能帶來的幫助都不大。我們害怕太過強烈的悲傷，以及隨之而來的無助感，以至於大部分的支持資源都不會提及這一塊。關注後期的悲傷要容易多了，在悲劇後的幾個月或幾年間，人們也比較能接受「重建生活」的想法。但早期的悲傷才是最需要技巧、同情心和連結的，而假如我們能改變文化和個人面對悲傷的方式，就能帶來最大也最長久的幫助。

悲傷其實和愛一樣，不需要設法解決。我們沒辦法「戰勝」死亡，或是失去，或是悲傷，這都是活在世上無法免除的元素。假如我們持續用解決問題的方式來看待，就永遠無法在最深沉的痛苦中得到安撫和慰藉。

探討西方世界未說出口的失去和悲傷時，心理學家波林．伯斯博士點出西方文化的「精熟導向」：我們的文化喜歡解決問題。精熟導向驅使我們找到疾病的解藥，創造出奇妙的科技，也讓一般人的生活更好。然而，精熟導向有個問題，就是促使我們將一切都視為待解決的問題，或是待征服的挑戰。有許多事情，例如出生和死亡、悲傷和愛，在精熟導向的世界都找不到容身之處。

正因為我們總是試圖修復、治療、回歸「正常」，才讓情況如此地糟。我們因而停止對話，不再成長，無法建立連結和親密關係。但老實說，假如我們只是改變面對悲傷的方式，不再視悲傷為待解難題，而是值得崇敬的奧祕，關於悲傷支持的語言可能不會改變太多。

若要對抗悲傷的「問題」，必須先從彼此的內心開始。我們必須正視真相，必須找到分享失去那令世界崩壞的經驗，不只是個人的生命經歷，還有周遭世界的事件。若只是把痛苦推開，永遠不會得到我們最想要的：傾聽、陪伴，以及讓自己真實的樣貌和處境被看見。

若要繼續向前，我們需要的是改變面對悲傷時的精熟導向態度，轉而以愛為導向：接受愛的所有面向，即便有其令人痛苦的一面。

在悲傷和愛的奧祕前低頭，和試圖修復破碎的世界，是完全不同的反應。用崇敬的心面對自己破碎的心，才能讓人正視、尊重自己的真實處境，也給予我們足夠的空間做自己，不需要倉促地收拾殘局或向前推進。我們可以放鬆休息，讓幾乎無法忍受的生命變得稍微輕鬆一些。

這聽起來或許很抽象難懂，但想要找到悲傷的中間地帶唯一的方式，就是不再別過頭去，轉而正視悲傷。當我們允許悲傷的現實存在，才能專注於幫助自己和其他人，在痛苦中活下去。

更美好的世界

新的悲傷模式不是抹去或驅趕一切，而是找到新的方式，在痛苦中活下去；是找到足夠深遠的愛，能正視彼此的痛苦，而不倉促地想要收拾；是站在彼此身旁，提供陪伴。

改變面對痛苦的方式，將創造新的世界，以獨立、親情、感情和恩典為根基。當我們不再抗拒痛苦，才終能得到改變的自由，改變自己和世界，讓苦難的折磨減少，讓愛成為我們的良藥。

新的悲傷模式讓我們能帶著更多的同情和包容面對自己和他人，讓我們參與彼此生命的每個部分，成為最好、最真誠的自己。

我可以寫得很詩意，但事實是：當我們完全坦誠面對所有心碎的事，誰知道會創造怎樣的世界？有哪些事會改變？當我們有足夠的空間讓愛的每個面向都得以舒展，其中也包含了失去所愛的事物，世界又會如何？

我們永遠無法改變痛苦的真實樣貌，但卻可以透過傾聽真相，不再隱藏內心的聲音，讓彼此承受的苦難減少。我們可以不再逃避自己和他人，誤以為那樣才能使我「安全」。我們可以不再壓抑人性的一面，創造新的世界，讓每個人都能說出「這很痛」，而其他人會不帶批判抗辯地傾聽接受。我們可以釋放積累的痛苦，不再受困於膚淺關係和疏離的循環。我們可以不再區分你我和「他者」，而是像家人那般彼此保護支持。

這樣的世界裡，雖然悲傷不會少一點，但卻充滿了更多的美好。

> 對自己懷抱同情心，即是帶著包容、接納和溫柔面對自己，以及自己的內在經驗。不再如以往習慣的那樣，想要去克服、修理、驅逐，同情心的道路截然不同。同情心是彼此的接納和包容。
>
> 羅伯特·岡薩雷斯《活出同情心的反思》

個人的事是世界的事，反之亦然

我們越談論悲傷的真實樣貌，談論起來就越容易；越常述說活著去愛和失去有多麼困難，每個人的人生就會越美好，即便對於將悲傷視為難題的人來說也是如此。

我們的朋友、家庭、書本，以及整體文化對於悲傷的回應，若能幫助悲傷者在現實中繼續前進，才能發揮功用，仁慈而充滿了愛；相反地，假如我們仍然試圖解決無法修復的一切，非但徒勞無功，反而會帶來更多傷害。

我們在悲傷中面對自己時，也應該帶著愛與仁慈，即便在噩夢中，也試著敞開心房；即便在內心殘破時，也不要失去對愛的信念。

假如我們想活下去，想一起度過一切，真的向前邁進，就必須先試著不再對痛苦感到反感抗拒。我們必須讓痛苦徹底通過我們，不要試圖找出理由、一味追求結果，或是指責怪罪。我們必須不再透過區分你我，來劃分自己和失去的痛苦。取而代之的是，我們必須體悟到自身生命短暫而脆弱的本質，了解到意外悲劇不只是發生在其他人身上的故事而已。

我們必須找到向他人表達悲傷的方式，坦誠述說自己真實的經驗。同樣地，我們不應該再壓抑自己的痛苦，只為了讓身邊的人好過一點。

對於悲傷中的人來說，情況更可能變得完全不同，但我們都能讓改變發生。我們可以愛彼此，並且接受我們的摯愛有一天會離我們而去；我們可以愛彼此，知道感受到對方的痛苦正是彼此連結的象徵，並不代表著世界毀滅。如此的彼此相愛很可怕，但這樣的愛卻是我們所需要的。我們個人的生命，以及更廣闊的世界中，彼此連結的生命，都呼喚著這樣的愛。不管是悲傷的中間地帶和新的模式，都讓我們這樣去愛。這是唯一向前的道路。

回到自己身上

如今，我們正透過這些文字，創造悲傷的新模式。我知道投入這場革命並非你的本意，假若能回到原本的生活，你大概會欣然拋棄這一切。這世界並不公平，但我們仍需要你，需要你爭取自己被支持、被正視的權利，讓人們看見你現在的模樣，事情發生前的模樣，以及悲傷使你改變成的模樣。找到自己的中間地帶不只能幫助你，也能幫助那些在你之後陷入悲傷的人們。

討論悲傷的文化至關重要，能幫助我們在缺乏悲傷素養的主流文化中找到自己的位置，讓我們知道自己並沒有瘋，也沒做錯什麼，更非殘破不堪。充滿缺失的其實是我們的文化，但我們本身呢？我們不是。就算我們深陷痛苦，也不會改變這個事實。

持續地活在當下，持續地在痛苦中尋找支持，就算全世界都試圖告訴你悲傷是個要解決的問題，如此才是真正愛自己和韌性的展現。悲傷不代表生病或心靈不夠成熟，而是代表愛是你生命中的一部分。而你希望即便在痛苦中，愛也能繼續延續下去。

你現在的處境如此，感覺糟透了。

在悲傷初期，沒有太多工具和方式能幫助你，但還是有一些方法，能幫助你帶著寬容面對自己，以自我的認識為基礎，幫助自己活下去。

我希望這本書中的工具和練習，能幫助你找到自己的第三條道路，找尋自己的中間地帶，不再認為自己的人生已經毀滅、毫無希望，或是逼迫自己接受虛假的樂觀，拋棄自己的真心。

這本書的本意不是要消除你的痛苦，而是述說痛苦的真實樣貌，希望你看見自己的痛苦反映在其中。我希望你能在閱讀時，感覺自己也被聽見。

就像社運詩人喬安娜·梅西寫的，就算你的世界充滿痛苦，也不能成為你轉身背對的理由。本書的下一個部分，會將文化的層面暫時放到一邊，聚焦到個人的悲傷上。但願你能在其中找到一些話語，幫助你接近自己的真心，從而在瘋狂混亂中找到自己的道路。

II

該如何面對自己的

悲傷

GRIEF

正是時候：寫在開始前的一些話

馬特剛過世時，我讀了許多關於悲傷和失去的書籍，但大部分都讓我感到憎惡。我會翻到新書的最後，看看喪偶的作者是否再婚了。假如是，我就不會讀下去：很顯然，這位作者不會理解我的感受。在閱讀新書的前幾章時，我會感到興奮和期待，但只要後續的章節開始討論重建生活和美好的收穫，我就會覺得噁心，把書丟到一邊去。

問題不一定出在書的本身，還是有一些好書的。問題是，大部分書本的對象都是後期的悲傷，當世界已經不再激烈震盪，塵埃落定，而悲傷初期的尖銳痛苦稍微磨平。這才是談論重建（或建造）新生命的好時機。然而，假如你的生命才剛崩毀呢？此時並不適合關於如何建造美好未來的書籍。

因此，時機很重要：我們對於如何活在悲傷中的想法，必須和我們的現狀相符。假如有些事物讓你覺得冒犯（即使是這本書的內容），或許就代表並不適合你的現狀：因為時機不對。在悲傷初期活下去，和度過之後的幾週、幾個月或幾年並不同。在尋找幫助自己度過悲傷的事物時，得先問問自己最需要的是什麼，再尋找當下能幫助你的資源。

這本書的目的不是幫助你修復悲傷，也不是述說美好的未來，而是幫助你活下去：在當下活下去。願你能在其中找到對你有幫助的話語。

6 活在悲傷的現實中

若要談論悲傷的真實樣貌，我唯一知道的方式，就是從悲傷帶來的滅絕開始：在悲傷初期，有種緘默的死寂會籠罩在一切之上。一旦失去的痛苦將我們打落深淵，任何言語都無法企及。無論我如何仔細雕琢文字，都無法進入你心中的這個部分。言語只是這種死寂的掩飾，而且成效不彰。

但若想在死寂中接近你，文字卻是我們唯一的所有。請了解，我也知道這有多麼困難，而我的文字沒辦法改變任何事。

正視和承認是少數真的能幫上忙的事物。你的處境無法修復，無法變得更好，也沒有解決的方式。這意味著我們在悲傷中能採取的行動很簡單：幫助你決定什麼是「正常」，並且找到支持你破碎內心的方式。本書的這個部分將試著協助你在強烈悲傷的詭譎現實中繼續活下去。

指出這段期間的瘋狂會有很大的效果：幫助我們知道，當感覺一切都不正常時，到底何謂正常。

在這一章中，我們包含了許多常見的問題和關切，以及悲傷中的挑戰。這會有點像是拼布一樣，從一個怪異的部分跳到下一個，但我們在悲傷中本來就要面對許多混亂部分。若有工具能幫助我們面對失序和瘋狂，我會加以介紹；假如沒有，請記得正視和承認就是最好的良藥。

我還沒述說關於悲傷的挑戰，或是關於何謂正常的問題：因為有太多了。假如有些事你想找到答案，請保持聯繫。

你或許會說：為什麼人們需要保存骨灰？為什麼不能放手？是的，沒錯，寶貝。總有一天，我會帶著這些骨頭、牙齒，和我摯愛的身軀，到河邊或樹林裡。我會放下如此全心全意深愛的身軀。但現在，你留下的部分都留在我身邊，好好地保存在密封的塑膠骨灰罈裡，包著塑膠袋，裝在紙箱中，除了封箱膠帶也貼了你的名字。只要拿出來，就像看見你，看見我所摯愛的軀體化作永遠的灰燼。現在，我沒辦法放手，沒辦法接受，無論如何都辦不到。我沒辦法將事實嚥下，接受你已經離去，我們規劃的人生都沒了。假如我試著直視事實（我拒絕接受這樣的事實），就會感受到內心開始崩潰，世界開始瓦解，而我的肺部彷彿被填滿，讓我呼吸困難。我知道自己做不到，沒辦法正眼看著這些，我的內心會毀滅，而我無法承受。太沉重了，太嚴重了，我快要被擊倒。所有的打包和搬運，你的卡車還停在我的車道上，在兩天後就要被賣掉。我房間的床拆掉了，正等著重新組裝。你的照片、你的骨灰，有些你的東西要送給別人，還有更多我們的東西散落在各個房間。你已經離開了，但我現在不想接受。你本來還在，那天和一般的日子沒有不同，然後你就走了。

摘錄自我早期的日記

所有待完成的事……

重要的人離世後，在世的人需要去做的事情會多到讓人心力交瘁。然而，事情總會有做完的一天。你會和兒女、伴侶或父母一起坐下來，說些難以出口的話。你會打給名單上的每個人，一遍又一遍地重複發生的事實，用最簡單直接的方式說完。你會和記者、醫師和搜救隊談話，會搜尋價格最理想的墓葬選擇。打電話給房東，安排追思會，找人代養家中的寵物狗。或許會寫好訃聞，或許會安靜地禱告。

世界上的紙張不夠多，沒辦法記下死亡為你生命帶來的每個細節。再次地，我必須重申，正視與承認才是唯一的良藥。有太多事要完成，但還是要記得愛。我很遺憾你必須經歷這些。

如果可以，如果能減輕你的負擔，請讓別人幫助你。對某些人來說，處理種種瑣碎的細節是他們能為死者所做的最後親密舉動，也是傳達愛的最後機會。這都沒有正確答案。只要可以，就將難以承受的部分拜託給其他人，但也別讓其他人接手對你來說很重要的親密活動。

一切都結束了。

或許接電話的是老媽，在聽見噩耗時她大概尖叫了。老爸會從別的房間匆忙跑來，老天，他一定會看到她哭泣，而她得把這事告訴他，得開口說這些她自己都還無法理解的內容。他們很痛苦，因為這事也深深地傷了他們，但他們還是得先問電話那頭的女士我人在哪裡。

老天，他們一定會想要保護我，他們如果做不到的話一定會痛苦萬分。

老天，就算發生了這事，他們一定還要我接電話，要告訴我他們愛我，他們要上車來找我了，要來找我了，要告訴我哥哥，要一起來找我，三小時之內就要來陪我了。

當天稍晚，我在醫院裡終於稍微能透過氣來，能開口說話，於是用遲鈍的手勉強按著手機，開始通知每個人的漫長過程。她的人緣很好，有許多愛她的朋友和廣闊的社交網絡。要打的電話太多，每一通都引起新的震驚和不捨。

艾瑞克．W，三十七歲時喪偶

關於未婚妻麗莎的死亡意外

述說故事

你會發現，自己一遍又一遍地述說失去摯愛的故事，甚至（或特別是）對陌生人，或是才剛認識的人。也可能，你會在心中反覆複習摯愛死去前所發生的每一件事。

這都是很正常的。人類生來就有說故事的能力，所以每個文化都有自己的神話傳說，以及各式的故事和電影。反覆述說著失去，就像是在尋找另一種結局，彷彿只要能發現其中的漏洞，就能改變結局。或許現在還不遲，或許我們漏了什麼。只要能把故事說對了，就可以阻止悲劇發生。

這樣的思考一點也不合邏輯，但並不重要。邏輯在這裡一點意義也沒有。

述說故事讓人感到痛苦，卻又似乎非這麼做不可。既痛苦又必要。我們在關於悲傷和焦慮的部分，會再深入討論，但現在請記得，這在悲傷中都是正常的。重複述說故事是一種安全機制，能讓我們的心智在世界分崩離析時，試著重新建構秩序。我們一再述說故事，那是因為故事必須被述說：我們在尋找理解一切的方法，雖然一切都顯得瘋狂而毫無道理。

如果無法把故事說給任何人聽，就找別的方式吧：日記、繪畫，把悲傷化成黑暗的漫畫，或是走到森林裡對樹木說說。述說故事而沒有人嘗試幫你修復一切，這將讓你得到很大的釋放和發洩。樹木不會問你：「你到底好不好？」風也不介意你是否放聲大哭。

小小的地雷

有多少次，人們鼓勵你將心思暫時從悲傷中轉移，或是避免在你面前提到那個名字，生怕會「喚起」你的痛苦？就彷彿只有一瞬間也好，你真的能忘記所有發生的事情。

我們都需要休息的時刻，沒辦法時時刻刻都直視著失去和痛苦，因為我們的身體會撐不下去。麻煩的是，痛苦還是無所不在，特別是在悲傷的初期。沒有一件事物是和失去無關的，試圖從痛苦中休息片刻往往只會帶來悲慘的反效果。

看電影可能會成為特別殘酷的經驗：我們找了不悲傷的電影，卻發現主角喪偶；或是看到一半時，領悟到自己再也沒有機會和姊妹拿電影開玩笑，或是你的孩子永遠沒機會再看這部電影。

看似無害的日常事件也可能沉重不堪：第一次必須在表格上勾選「喪偶」，或是有人問你有幾個孩子。當你填寫到「緊急聯絡人」時，卻領悟到自己再也不能寫下那個多年佔據這一格的名字。逼自己參加派對，認為自己應該更常出去走走，卻發現每一段閒聊的問題都只有一個答案：死亡。

不只是想讓自己分心時，日常生活中到處充滿了各種地雷和提醒，是悲傷者以外的人所難以想像的。當你所愛的人過世，你不只是在當下或過去失去他們，更是失去了你們應該要共同享有的未來，以及所有的可能性。你所愛的人將在所有的未來缺席。看著其他人結婚、生子、旅遊，所有你預期和所愛的人一起度過的生活，都再也無法實現。看著其他孩子上幼稚園，或是畢業，或是成婚，所有自己孩子本來應該能經歷的，都破滅了。你的孩子永遠沒機會認識他們傑出的舅舅，你的朋友永遠沒機會讀你的新書。

無論你和逝者的關係為何，看著其他人同樣的關係都能繼續存在，真的很殘忍、很不公平，也讓人無法承受。

特別是在悲傷的初期，努力重新回到世界，是多麼費力又沉痛萬分的事。無處不在的悲傷地雷讓人難以面對，人際的相處使人疲憊萬分。很多人選擇讓自己的世界縮到最小，推拒所有的邀約。即使是極度外向的人，也會發現自己需要比以前多上許多的安靜獨處時間。

請記得，如果外面的世界變得太嚴峻，充斥著和悲傷相關的事物，並不是你「太過敏感」。世界本來就充滿和悲傷相關的事物。假如有任何東西能給你喘息放鬆的片刻，就依靠吧，無論是什麼都沒關係。我們幾乎不可能在悲傷中找到休息和停頓，但偶爾這麼做是非常必要的。在自己選擇的保護毯下休息一天（或更多），是很健康的一件事。

超市的悲傷

有一項壓力源太常出現在我們生活周遭，我想要特別提出來談談：超市。

在悲傷初期，「簡單」去超市買個東西可能一點也不簡單。我們多少會遇到一些想要問「你到底好不好？」的人。

這樣的問候雖然帶著善意，但卻會進入你情緒中最脆弱的部分，而且往往出現在你並不想提起的時候，教人措手不及。

說來有趣，不管我在哪裡提到超市購物的困難，幾乎每個人都有自己的故事可以分享：有些人為了避免遇到認識的人，只會在晚上十點後去購物；有些人則特意開一個小時的車，只為了在沒人認識的地方好好買東西。

這是另一件悲傷者以外的人通常不會想到的事：當你所經歷的失去離別越突然、越意外，就越容易成為公眾討論的主題。無論你何時出現在公共場所，都會有人覺得應該上前搭話問候，無論你和那人是否交好都一樣。事實上，關係越疏遠的人，就越可能在碰上時不斷探詢。

我知道自己不再去某些店消費，只因為朋友的朋友在那裏工作。假如她看見我，不免就要開始漫長而刻意的對話，詢問我的心理健康、未來的規劃，以及關於那天河邊的所有細節。我知道自己大可以請她停止，但那樣也需要花力氣和注意力，而當時的我已經分身乏術。選擇去別的地方買東西還比較有道理。

難怪悲傷讓人如此疲憊。不只因為失去而感到強烈真實的痛苦，也因為生活中有太多小事要避開、忍受和規劃。雖然旁觀者不會理解，但所有悲傷中的人都肯定會懂。我們都有自己的疲倦和逃避，也會需要什麼都不用說的時刻。

想要逃避他人是ＯＫ的。為了到沒人認識你的地方添購日用品，而多開一個小時的車也是ＯＫ的，甚至可以說是健康的。我們都有資格要求這樣的距離，有資格選擇在自己覺得適合的時刻才開口訴說，有資格在不希望和任何人對話時，穿上隱形的防護罩來保護自己。

假如你覺得某件事能帶給你保護，那就是你要做的事。

關於超市，還有另一件事值得一提：很多人無法承受他們再也無法為逝者添購東西，再也不需要購買逝者最愛的餅乾或他們早晨喝的茶了。在悲傷者的世界裡，時常會有被拋棄的購物車。除了日常用品的宅配（題外話，這真是個好東西）之外，似乎沒有其他避免的辦法。在這個情況中，請試著對自己寬容：調整自己的步調，無論購物車有多滿，在需要時都隨時離開商店，並且在購物後給自己一些喘息的時刻，因為一切都很艱難。「正常」的生活和你的失去形成了對比，總是尖銳地讓人心痛難耐。

什麼時候該……

悲傷者的世界裡，總有太多不請自來的建議和意見，很容易讓人忘卻自己真正想要的是什麼。很多人寫信給我，想知道什麼時候「應該」要拿掉結婚戒指，或是把孩子的房間改裝成客房，或是提到弟弟時不再用現在式。

答案很簡單：沒有所謂正確的時刻。

我們不可能等到自己感覺對了的時刻，因為很可能不會有那麼一天到來。這一切都不是我們自己選擇的，所以當我們試著做出決定時，不能一直等待一切好轉。

我喜歡用「嘔吐公式」幫我做決定：假如拿掉結婚戒指會讓你感到噁心，那就還不到正確的時機。假如想到要移動孩子房間的東西就令你恐慌，那就先不要移動任何東西。假如有人告訴你是時候捐出妹妹的衣物，而你會因此立刻全身不舒服時，就先讓她的衣櫥保持原狀吧。

在準備好之前，你不需要改變任何東西。當然，有時不免要在家庭間經過一些協調爭執，但絕大部分的時候，你可以決定要如何處理自己的家和身體。

當你要做出生命重大的決定，例如何時（或是否）要再度約會、賣房子、轉換跑道，則是完全操之在你了。沒有絕對的正確時機，沒有任何事會太早或太晚。

同樣的道理，就算想要讓一切維持所愛的人離開前的模樣，也是完全正常的。因為那是他們曾經存在的證據，他們曾是你生命的一部分，而這對你來說非常重要。當你的生命彷彿要消散溶解，這些證據就成了你的全世界。

一位友人的丈夫在馬特過世一年後也溺斃。她告訴我，她在兩次搬家時都帶著丈夫留下的一瓶辣醬，因為無法忍受冰箱裡少了這個，即便她再也不會打開瓶子也無所謂。我也留下了事發前兩個晚上，我和馬特一起買的冰淇淋盒子，一直到四年後，我搬到美國的另一岸。

幾乎到事發的一整年後，我才第一次換了我們一起睡的床單。

在必要時，我們就會做必要的事，但不會更早，而且過程會很難受。但如果讓你感到很不舒服，就代表時機還沒到來。在必須做決定，或是認為該做出抉擇時，用「嘔吐公式」幫忙判斷吧。

周年和紀念日

在他的忌日該做什麼？我應該在他們離開後，繼續慶祝結婚紀念日或他們的生日嗎？過世的人還有生日嗎？

我的母親和婆婆都希望我積極地參與她們懷念馬特的計畫，但當時的我完全沒有這樣的心思。每次她們喋喋不休地討論著這棵樹、那個花園，以及我該如何參與、選擇和出席，我都必須忍耐著以免說出：「我才不要什麼愚蠢的樹，我只要他回來！」「我才不管你要在那種什麼花，那是你的花園，不是他的。」這樣的話。還有許多次在遠房親戚提議舉辦連馬特都會覺得火大的超級宗教性追思會，我得咬住嘴唇忍耐，表現出成年人該有的樣子。

當然，到最後不會有真正的贏家：無論決定種什麼，或是有多少人為了他聚在一起，我愛的他還是走了，依舊不會回來我身邊。

追思摯愛並沒有所謂正確的方式。每段關係都會留下獨一無二的痕跡，只屬於你自己的痕跡。而懷念的方式只要對你來說覺得正確就好了。

馬特過世接近一周年時，我聽到最好的一段話是：「你永遠有離開的權力，就算你才剛到，或是你規劃了整個活動。沒有人和你經歷了一樣的過程，所以只要有需要，就隨時離開吧。」光是得到這樣的許可，就讓留在現場容易多了。

無論你規劃了什麼，都可以在任何時刻改變心意。就算什麼都不想規劃也沒關係，只在特殊的日子面對並檢視自己也無妨。通常，等待的過程會比特殊的日子本身更加難熬。或許你想做點什麼，或許你什麼也不想做。

或許你會問問其他家庭成員和朋友，他們希望如何規劃那一天。或許會有令人振奮的對話，或許會有人離開房間表達抗議，這些都是了解你身邊的人對特殊日子看法的方式。對於你最親密的家庭單位（或直白的說，你剩餘的親近家人），可以將每個人的想法都結合在當天的規劃中。

其他人或許也會加入規劃，但請記得他們也會有自己的想法和感受，應該擁有拒絕、抽離、不參與的權力。每個人悲傷的方式都不同，思念逝者或接受噩耗的方式也不同。在正視自己的需求時，也要盡自己所能尊重其他人的選擇。

要記得，大概沒有人會百分百感到滿意。事實上，追思會和周年活動時常是衝突引爆的熱點：情緒沸騰，陳年舊帳又被翻出，社交技巧退化。不管你選擇做什麼，或不做什麼，都盡自己所能調整好步調，確定自己的心在任何時刻可能會需要什麼。這一切都很困難，就算你所規劃的一切都完美進行亦然。

孩童與悲傷

或許你不能只為自己著想而已。無論年齡大小，你的孩子都會受到悲傷影響，無論是他們自己的失落，或是感受到悲傷對你的影響。

我的繼子在他父親過世後一天滿十八歲，不算非常年幼，但在許多方面都還是個孩子。外在的世界在那天後就將他視為成人，於是他必須做許多任何孩子都不該面對的決定。

對於內心的感覺，他一向不太表達，而面對悲傷時也不例外。在事發後的幾個月裡，我們圍繞著事件談了許多。我們談了悲傷的內在世界，以及人們如何用不同的方式消化一切。他的個性傾向保留，再加上青少年的特質，讓他不太談論他的父親，更少談論他自己。

我的繼子年紀比較大，再加上馬特過世後很快就離家獨立了，所以我的擔憂不像那些必須陪伴孩子度過悲傷的父母那麼多。我不用承擔看著幼子成長，卻少了許多回憶的心痛。我不用擔心學校其他孩子會如何對待我的繼子，或是老師們會如何處理他的傷痛。雖然我擔憂他的人生在缺乏父親的引導時，會如何展開，但我知道和父親共度的十八年，將帶給他怎樣的影響。我只能祈禱他父親的愛將永遠在他心中，不斷支持著他。

前陣子，有人問我，是否認為我的繼子已經「消化」他父親的死了，或是這還持續影響著他。父親的死怎麼可能不再影響他？他的父親並沒有復活啊。

我想，我們總是想找到一些跡象，證明我們的孩子沒事。有太多情緒的變化都發生在內心，而失去的痛苦會在孩子的心中成長改變，不只會隨著時間的過去而改變，也會漸漸能吸收或回應父母或手足的離開。

我想，我們任何人唯一能做的，就是持續對於痛苦、死亡、悲傷和愛，用適合孩子年紀的方式保持敞開。我們可以讓孩子知道，他們能問我們任何問題。我們能讓他們看見我們的悲傷，告訴他們：「這很痛，覺得痛是ＯＫ的。」雖然知道他們可能不願意，或沒辦法述說自己的感受，但我們還是可以關心詢問。

有時候，我們甚至得花一輩子才能述說自己失去了什麼，或是知道家人的死是如何塑造或改變了我們。我希望不管對我的孩子，以及你們的孩子來說，我們的愛都能永遠與他們相伴，而他們所失去的人的愛也是。願他們能學習承受自己的痛苦，敞開自己的心，聽見自己的聲音。就算他們一個字也沒有對我們說。

請記得，由於我的家中沒有年幼的孩子，我對於死亡對孩子的影響並不是專家。如果想找到幫助悲傷孩童（或是整個家庭）的資源，我知道最好的地方是奧勒岡州的道奇中心。雖然總部在波特蘭，但道奇中心是國際組織，可以在陪伴家人面對離別時，為你指出正確的方向。

說到家庭……

有時候，家人的確會因為有人過世或重大災難而團結合作。但這是例外，而非常態。沒有什麼比死亡更能引爆家庭危機了。

家庭成員可能會爭執該如何處理遺體（特別是沒有法律文件指出亡者的意

願時）、該不該立紀念的墓碑、忌日該如何規劃等等。在最理想的世界裡，這些都會透過有技巧、同情和同理心的溝通來解決。然而，理想的世界通常並不存在。

死亡會在家庭關係中埋下引信，本來勉強找到平衡點的緊繃關係，可能演變成殊死對決。每個人的意見和需求都爭奪著表達的空間，每個人都需要被重視和傾聽。過去的爭執會死灰復燃，一度很疏遠的親戚一個個冒出來，本來以為會支持你的家人卻又消失在受傷的沉默中。

死亡會讓每個人都為之動搖。

根據我自己的經驗，以及所聽過的分享，似乎在死亡降臨前是什麼樣的人，在事情發生後只會更加如此。向來冷靜理性的人通常會更加冷靜理性，總是努力接受不同意見，帶著同情心和耐心面對爭執的人也是。而總是引起爭端、指責批評，表現出差勁社交技巧的人也會本性不改。

在這類的場合，家庭的衝突可能以許多方式浮現，我沒辦法一一提及。或許和針對每種情況提出解決方式相比，給予萬用的回應會更有效率。在所有的人際挑戰中，無論是否和死亡相關，我通常會建議你在回顧這段經驗時，能肯定自己用了良好而健康的溝通技巧和同情心，也保護了自己的權益。在如此壓力下的反應，其實是唯一能在我們掌控之中的事物了。

如果你發現，你和家人們為了許多物品的去向和安排爭執，請記得溫柔對待每個人的心，也包含你自己的。這樣的情境中沒有真正的贏家，無論誰吵贏了，又是誰得到紀念品或財產，你們所愛的人都永遠離開了。

是時候問自己，哪些爭執對你來說最重要，把精力留在那就好。沒有必要參與每場爭奪，或是回應每個挑戰，這麼做也不會有什麼助益。有時候無視無禮的舉動或粗魯的要求，才是最有智慧的做法。盡自己所能維持健康的底線，提出自己的需求，在可能時避開衝突。假如有什麼事對你來說很重要，就挺身而出維護自己和家人，但要記住，無論結果如何，你和逝者的愛與連結是沒有任何人可以奪走的。

悲傷是友誼的殺手？

一般來說，面對激烈的家庭衝突時，我會鼓勵你去依靠理智、可靠的朋友，提醒自己健康的人際互動該是如何。我希望每個人在一生中都有幾個像這樣的好朋友。

然而，驟然的死別最殘忍的面向之一，就是在你亟需愛和支持時，有些朋友會表現得很糟，甚至人間蒸發。可能會有失望和意見衝突，舊的傷疤又被揭開的時候，當小事情不斷積累成難以跨越的距離，人們會說出最奇怪、最傷人的話語。

悲傷會改變友情。對許許多多的人來說，悲傷使友情終結。我們在第三部分會有更多的討論，但此時此刻，我必須強調這樣的情形有多常見，又有多痛苦。你的失去可能會喚醒身邊的人深藏內心的心碎過去，你的痛苦和他們的互相衝擊。我們或許不會說得那麼直接，但這通常是人們會無法好好反應，或無法理解你的痛苦程度的原因。即便好友想支持你，也可能缺乏必要的技巧和能力（無論在其他方面能力多強）來面對和承受其他人的痛苦。面對死亡失落的無力感，常會使人做出奇怪的行為。

無論更深層的理由為何，失去本來以為會無條件支持你的朋友，對破碎的心都是又一次沉重打擊。雙重的失落讓人感到不公平，又會使得悲傷本身更加難以忍受。

人們真正不喜歡談論的事：憤怒

在這一章結束前，我必須討論生氣和憤怒。其實還有上千件應該涵蓋在這一章的事物，但我們的篇幅真的不夠。憤怒呢？憤怒值得被討論。在我們的文化裡，憤怒通常得不到任何正面的討論空間。我們不應該生氣。無論發生什麼事，展現出怒氣就是不妥當。憤怒和悲傷一樣，會引起不適：如果只是短暫生氣還無妨，但必須盡快通過，而且不要發出太多噪音。

這種對憤怒的杯葛實在荒謬之至。

所有的情緒都是針對現實事件的回應。憤怒是對於不公平的回應。當然你會覺得生氣：發生在你身上的事太不公平了。所謂「公平」到底合不合邏輯、每件事的發生到底有沒有原因都不重要。

從大眾心理學及醫學的看法來看，憤怒其實很健康、正常且必要。就像大多數的事一樣，如果憤怒沒有得到承認和支持，就會轉成為內心的毒素。即便我們不去傾聽（或不願傾聽），憤怒也不會消失，只會改找其他的宣洩方式。

被禁聲的憤怒會和其他不被允許的情緒一起積累，最後引發健康問題、人際衝突，以及心理上的折磨。我們對於憤怒的負面印象，其實都來自不被允許的怒氣：壓抑會導致壓力，使原本面對不公平的健康反應，轉為惡毒的行為。

如果怒氣找到出口，就只是單純的能量而已，是對事件的反應。如果找到表達的方式，就會成為堅強的愛，保護對自己也保護離開的摯愛。在某些時候，憤怒還能給你力量，去面對必須面對的一切。如果給予足夠的尊重和空間，憤怒其實述說了愛與連結，以及我們對失去事物的渴望。這沒有什麼不對。

說了這麼多，重要的事隨著失去而來的憤怒是好的，也是健康的。我們不需要為了讓自己看起來心靈更成熟，或是讓身邊的人更好受，而急著拋開怒火。找一些方法表達自己不公平和憤怒的感受吧。如果你能表達憤怒，也沒有人會叫你快點把情緒整頓好，那麼怒氣就不會逆火反彈，造成傷害。

接觸自己的憤怒可能教人害怕。假如憤怒的感覺太強烈，就向值得信賴的朋友或治療師求援吧。這是找到盟友最有幫助的時候了。可以詢問別人是否願意傾聽你的憤怒，讓他們做好準備，也讓你知道他們是否願意聽你說完，不會急著要你發洩完畢。

那其他呢？

這一章的目的，是幫助你在這段很不正常的時期，找到一些正常感。我沒辦法觸及每一個面向，但你在悲傷中所面對的一切……都是正常的。正視並接受自己的真實處境，會是最有效的良藥，通常也會是唯一有幫助的方法。

接下來的章節，會更深入詳細地探討悲傷中面對的挑戰，有些具體的工具和方式，能幫助我們應付再也無法修復的一切。

7 我們無法解決悲傷，但也無須因此受苦

在悲傷中活著，我們知道沒有什麼能修復：一切都無法挽回了。大部分的悲傷支持（包括立意良好的家人朋友），都鼓勵我們要超越痛苦。但這個方向是不正確的。

在悲傷中活下去的方法不是移除痛苦，而是盡我們所能讓受苦減少。痛苦和受苦不同，假如瞭解這一點，就能慢慢釐清什麼是可以改變的，而什麼無法改變，只需要愛與關注。

如果能單純照護自己的悲傷，不必覺得自己應該要修復或清除什麼，會讓悲傷好受許多。這一章的重點，以及本書的核心概念，就是幫助你在減輕受苦的同時，也尊重並支持痛苦本身。

同樣的主題反覆出現：快！她現在很痛苦！讓我們勸她不要想不開。讓我們告訴她情況有一天會好轉。讓我們提醒她感恩自己所擁有的。讓我們告訴她，她有多麼機智風趣善良。我們知道這件事不斷折磨著她，所以一定要讓她知道，除了她深愛的那個男人之外，終有一天會有另一個人陪伴她，在枕邊輕柔地打呼，給她一個早安的吻，滾到另一邊再賴床五分鐘，而她則會起床遛狗，讓他能再睡一下。

太好了，繼續說啊，謝謝你們這麼仁慈的話語，一直試著要讓我看開一點，真的讓我的痛苦減輕了不少。

我所愛的人，也就是我會一再求助的對象，從不會試著用任何方法幫我「解決」一切，或是修復一切，或修復我。他們完全不會嘗試為我打氣，或是讓我感到羞愧，畢竟我曾經有過這麼多的愛，所以理應感到快樂。他們不會告訴我「未來」一切都會好轉，我的人生還有很多值得期待的。他們不會提醒我，我也是生死輪迴的一部分。是又怎樣？高高在上的講這些漂亮話，都是狗屁而已。

「提問就好，不要說太多：如何幫助悲傷中的人」

摘錄自網站 refugeingrief.com

現在該怎麼做？

突如其來的死亡劇變後的幾個星期和幾個月，悲傷者彷彿會深陷另一個世界。在悲傷最初期的影響下，幾乎沒有任何事物能帶來安慰。曾經能帶來安慰的事物在悲傷的重量下，變得單薄脆弱。安慰人的話語卻像利刃一般，讓內心鮮血淋漓。鼓勵沒有幫助，名言佳句亦毫無意義。

在悲傷初期，我們的生活會變得很狹小。這是非常時期，一般時期的法則都不管用。在悲傷中，特別是最初的日子，我們不會有太多能量來利用任何工具或資源，而假如工具的目的是要讓事情好起來，通常只會帶來反效果，讓我們深受冒犯。

勵志名言、「自助」書籍、立意良善的建議，目的都是要使我們脫離痛苦。

只要我們提起有多麼痛苦，就會立刻有人想幫我們消除痛苦。在這樣的模式中，悲傷是壞事，必須加以消除。但我們的痛苦是真實的，不會就這麼離開。

在《心靈的傷，身體會記住》這本書裡，作者貝塞爾．范德寇寫道，當身體受到刺激時，就必須反映表達。身體得這麼做，這是必須的。當身體和心靈歷經痛苦時，我們在生理上即有表達的需求。不被允許表達或訴說的痛苦會反過來傷害自己，造成更多問題。

不被看見和傾聽的痛苦，並不會就這麼離開。我們的文化之所以如此不擅長悲傷，其中的原因之一就是，我們總是試圖在悲傷得到表達的機會之前，就強行抹去。我們的內心都積累了太多壓抑的情緒。

試圖帶走對方的痛苦並不能將痛苦治癒，我們也不應該粉飾痛苦，彷彿痛苦會阻擋我們邁向更美好的生活。悲傷很痛苦，但不代表就是錯的。痛苦是對於「失去」健康而正常的反應。在悲傷中活下去的方法，就是允許痛苦存在，不試圖掩蓋或倉促帶過。

我們不應該試圖抹除痛苦，而應該將痛苦視為健康而正常的反應，真誠、溫柔而帶著同情心地照護。我們應當在痛苦中彼此陪伴，唯有悉心照護，才能幫助我們承受難以忍受的一切。

痛苦與受苦：前者應當照護，後者則是「修復」

我們總會有修復事物的衝動，也會想採取正向的行動。假如我們不去「修復」痛苦，不解決悲傷，是否我們這輩子就完了，注定要不斷受到折磨呢？

為了更清楚說明，我們必須先區分痛苦和受苦。痛苦是單純對支持的需求，不需要被解決，但受苦卻不同。受苦可以被修復，或至少顯著地降低。為了區分兩者，我們得先定義一些辭彙。

無論是世俗或宗教，在許多的傳統中，都有關於受苦的教誨。我個人覺得，在討論痛苦和受苦時，無論如何都得提及佛教和其中受苦的內容。

當我們說佛陀的教誨是：「人生即受苦，逃離受苦的方法是接受無常。」他的意思不是：「請假裝你沒看見任何受苦，假裝你並不痛苦。」也不是：「假如放下一切罣礙，就不會痛了。」他看見受苦，也看見痛苦，所以希望能找到活在當下、做出反應的方法。正面回應而不退縮，不從世界上的痛苦深淵前轉過身去。

佛陀看見痛苦，問道：「我該怎麼做，才能不失去理智和心？該如何讓雙眼和心靈都打開，卻不被一切吞沒？該如何堅定直視所有無法修復的一切？」

他的反應（至少我是這麼認為）就是愛。張開雙臂，敞開心胸去愛，就算知道自己所擁有的終將逝去或改變，依然去愛。我們一生中總會看見超乎想像的痛苦，但還是要去愛。即便知道事實如此，還是找到活在當下的方法。接受這樣的事實，用愛超越一切。願意面對世界的痛苦，以及自己和他人的痛苦，不轉身而去。

佛教和其他傳統的修行功課，本意是幫助我們承受生命的痛苦，讓我們看見崩壞的地方，卻不被吞噬。這和大眾心理學告訴我們的不同，並不是要幫助我們移除所有的痛苦，讓我們能一直保持「快樂」。

修行功課的目的是在面對痛苦時，幫我們減少所受的苦，而不是將痛苦本身移除。

前面曾經提到，痛苦是摯愛從生命中被奪走時，健康而正常的反應。雖然讓人難受，但不代表痛苦是錯的。

之所以會受苦，則是因為我們在痛苦中覺得被批判，覺得不受支持。所以我們在痛苦中掙扎浮沉，質疑著自己的選擇、行為和反應，懷疑自己是不是一點也不「正常」。

之所以會受苦，是因為有人告訴你，要抗拒自己的感覺，有人說你的感覺是錯的。這些苦難來自你的朋友和同事，甚至是完全的陌生人，雖然本意非常良善，卻糾正、批判你，或是建議你要怎麼悲傷比較合適。

受苦也來自我們食不下嚥，寢不安枕，花太多時間和負面的人在一起，或是假裝我們根本沒有這麼痛苦。痛苦來自我們反覆想著死亡發生前的某個事件，因為自己沒有順利預防，沒有事先想到，沒有多做些什麼，而不斷自我懲罰。痛苦為我們帶來了焦慮、恐懼和孤立。

假如我們想讓一切變好，受苦就是改變應該發生的地方。

偉大的悲傷實驗

區別了痛苦和受苦的不同後，我們必須回答一個問題：再來呢？廣義的答案很簡單：痛苦得到支持，受苦需要調整。但這兩件事都沒有唯一的正確做法。我們的悲傷和愛一樣私密且個人，我們通過一切的道路只能由自己開拓，那會是對你的理智、心靈和人生都獨一無二的道路。

或許這麼想會有點幫助：這件事不會有對錯，而是一個持續進行的實驗。無論痛苦或悲傷進入你的人生幾次，每一次都是第一次，每個悲傷都和以往的不同。我們應該用最能照護痛苦的方式，來面對每一段經歷。

我們必須找出最好的方式是什麼，才能承受失去。我們必須辨別什麼屬於痛苦，需要被支持，而什麼屬於受苦，可以被改變。我們必須不斷地問自己，不斷地進行實驗。

這不是一場試煉

你或許曾經聽過，發生的一切都是試煉，可能是考驗你的信仰、修行，或是你的情緒穩定程度。我想這會誤導你。「試煉」意味著宇宙很殘忍，將你丟到各種不可能的處境中，想看看你是否能找出什麼答案；看你承受多大的痛苦，又是如何去面對；看你在受苦中如何自處；看你是否能把一切做對。

然而，這不是一場試煉。

你的悲傷並不是考驗你的愛，而是在愛中的實驗，兩者有很大的差別。實驗宗教、實驗和自己的關係、實驗人生、悲傷、痛苦、愛和受苦，一切都是實驗。這不是一場試煉，你不會失敗，你沒有失敗。

這項實驗和任何修行功課的目的，都是幫助我們變得更堅強完整，來承擔生命帶給我們的一切。無論是面對痛苦或受苦，其中的概念都是一樣的：允許自己去實驗，找到能幫助你的方法，找到讓自己不那麼難受的方法。不是因為這麼做會讓一切都沒事，而是因為這會讓你的世界更溫柔一點。

面對悲傷沒有所謂的正確方式。在你之前，有許多人經歷過；在你之後，還會有人繼續經歷。但沒有人承擔悲傷（或愛）的方法和你完全一樣。悲傷和愛一樣私密個人，除了實驗之外，我們別無他法。

一切都是進行中的過程。

蒐集資訊

在悲傷中進行實驗，代表你開始搜尋能為你的心或生命帶來絲毫紓解和平靜的事物。我們說的可能只是用顯微鏡才能看出來的差別：是什麼給你力量、勇氣或能力來面對下一分鐘？下五分鐘？如果寫下痛苦，會讓你好過一點，還是感覺更糟？如果去散散步，能讓你半夜睡得比較安穩嗎？

說老實話，回想我自己的悲傷經驗，早期的實驗其實並不是特別有意識的選擇。但將悲傷想成實驗，對我很有幫助，讓我了解其中並沒有對錯，就算對我這個當事人來說，面對的方式也沒有所謂做對或做錯的問題。

在悲傷中最初可以做的事之一，就是開始注意情緒的細微轉變。有時淚水會在最糟的時機奪眶而出，有時再也壓抑不住尖叫的衝動，有時再也撐不下去，腦中會不斷瘋狂重播悲劇發生的經過。潰堤的時刻不會憑空出現，而是逐步累積而成。痛苦和受苦帶來的影響終將會達到某個臨界點。

或許你會認為悲傷的爆發沒有任何預兆，但其實總會有些早期的蛛絲馬跡。蒐集資訊能幫助我們辨識出這些徵象。

因此，我們第一個具體的練習內容，就是開始記錄自己注意到的事。首先，這涵蓋事情發生後的解構。回想你最近一次感受到悲傷的情緒完全超出負荷的情況，再想想那之前的一個星期裡，有什麼跡象顯示一切變得太過沉重嗎？是否出現額外的壓力來源，使你沒辦法休息或維持穩定的心情？是否發生過小型的爆發，然後越演越烈，直到失去控制？

對我來說，對人類、動物和物品都越來越失去耐心，是一種警訊。簡單的小事出錯也會給我巨大的影響，當我越來越失去控制，即便再枝微末節的事都會惹惱我。當我的情緒比較穩定時，則比較能將惱人的小事拋到一邊。

在這個例子裡，失去耐心是我必須避開生活中各種壓力來源的信號，代表我或許需要更多的睡眠和食物，並減少人際的接觸。越能注意到這些微小的指標，我就越能好好照顧自己。看到這些指標，我就知道自己該退一步，讓我的世界縮小一點，不要再逼迫自己，而是先專注在照顧自己上。

如果將自己心理的穩定和面對悲傷的能力想像成銀行的帳戶，每次人際的互動就是一次提款，每個壓力源也是。如果能辨識出存款降低的訊號，就能有效地安撫我們的情緒，預防各種崩潰和失控發生。

蒐集訊息也能幫助我們微觀地檢視好轉或惡化：你是否有時感覺比較穩定，在悲傷中比較能透過氣來？有沒有任何人、任何地方或活動，能讓你的能量存量提高？有沒有什麼活動或互動，可以讓尖銳的痛苦稍微和緩一點？在好轉出現之前，或是好轉的過程中，發生了什麼事？相對地，有沒有任何活動或環境讓一切明顯惡化了？是什麼因素讓你的痛苦雪上加霜？

自我檢視，注意自己一天之中是否有不同的感受，是在什麼情況下發生。畫下自己的社交網絡，記錄一天睡了多少，吃了什麼（或是不吃什麼），以及如何度過一天。不需要太過執著，粗略的記載有時和詳盡的細節一樣有幫助。

假如你不確定該如何開始，或許可以問自己一些問題，例如：我見到這個人之後感覺如何？他是支持看重我，還是讓我疲憊失控？我會在一天的哪個時段感到比較冷靜踏實嗎？有什麼書本、電影、地點能讓我的心情稍微緩和，即使只有一點點也好？

你的記錄大概會像這樣：去了超市，很擠，看到什麼和什麼，感覺很糟，快要崩潰了，這裡有太多回憶。覺得自己很脆弱，想保護自己。去了N的派對，可以待在廚房裡幫忙，覺得還好。和別人待在一起感覺很好，但不是和他們。和婆婆談了一些，只要是商量追思會的安排，就會覺得備受支持，但討論其他事都會讓場面失控（記住：避免和她討論感受！）今天早上去了海邊，海水可以容下一切，覺得沒那麼孤單了。早餐吃了糖霜麥片。午餐也是。感覺很糟。

請記得要包含任何能為你帶來絲毫平靜的事物，特別是在悲傷初期，你幾乎不會有感覺稍好的時候，巨大而無法移除的痛苦太沉重了。然而，總會有一時三刻，你覺得比較穩定，比較不焦慮，或是能對自己比較不嚴苛。請記得我們的目標是減輕受苦，並且找到照護痛苦的方式。假如有任何事物感覺沒那麼糟（悲傷初期），甚至最終有一點點好（無論何時），請特別留意。

蒐集這方面的訊息能幫助你釐清自己對痛苦和受苦的分界。要記得，受苦有時發生得反覆無常，所以在對我們有幫助和沒有幫助的事物間劃下微妙的分界，正是畫出我們的受苦圖示，讓我們知道該改變或避免什麼，也讓我們知道自己在悲傷中還能真正控制什麼。只要有可能，就選擇避開「無法帶來幫助」的事物，來減輕受苦，讓自己更能照護自己的痛苦。

試試這個

蒐集一般性的訊息

在接下來的一周，記下自己一整天的感受：在不同的情況、不同地方、不同的社交場合。

你注意到什麼？

證據：結果比行動更重要

該怎麼知道自己應付得不錯，而不是苦苦掙扎，或在悲傷中受苦？我們的受苦公式無法用來衡量痛苦，因此，要在悲傷中確認自己的相對狀況有點困難。如果整天都在哭泣，要如何知道自己何時的情緒比較穩定？要如何知道自己的痛苦是來自失去本身，還是因為深陷自責的循環？

在上個練習中所蒐集到的訊息，能幫助你辨識自己的警訊，也讓你比較清楚什麼是有幫助的。然而，在強烈的悲傷中，有時可能很難分別「應付得不錯」和「讓一切更糟」，也很難區別痛苦和受苦。

若是如此，就聚焦在特定動作的結果吧。找出自己正在受苦的徵象，以及相對冷靜的表現。

即便每個悲傷都是獨特的，但還是有幾項一般性的指標：

受苦的證據：睡眠品質低落、沒有食慾、暴飲暴食、噩夢、闖入型意念、焦慮、自我批判、情緒化的反應（和悲傷與痛苦不同）、失去耐心、與真實責任不合比例的罪惡感、在強烈的情緒中無法呼吸，或是沒有能力劃出界線來照顧好自己。因為自身的痛苦或其他人的反應，而認為自己是受害者，覺得痛苦太過龐大，無法承受，活不下去。

相對冷靜的證據：情緒平穩、對自己寬容、在痛苦中感到支持陪伴、受到認同、得到喘息、進食量達到身體的需求、感受到自己的情緒狀態（無論是何種情緒）被接受、有能力清楚反映糾正其他人糟糕的行為、不再過度針對自己、有能力處理劇烈的情緒，或是讓自己脫離引發情緒的情境、不再與自己和其他人脫節、不再感到迷失。

試試這個

記錄所有的證據

作為悲傷實驗的一部分，為自己寫下這樣的列表會很有幫助：在紙張的其中一面列出自己正在受苦的徵象；在另一面，則列出將自己照顧得很好的徵象。

對你來說，受苦的證據是什麼（舉例來說，睡不好或特別易怒）？什麼跡象證明你有在盡力照護自己的痛苦（舉例來說，充分休息，能夠比較輕易地忽視或拋開惱人的小事等等）？

好轉或惡化

悲傷中最大的受苦原因，就是我們的想法所造成的自我傷害。（你剛剛是不是想：「老天啊，是真的！」）

在後面的章節裡，我們會更具體深入地討論與心智有關的考驗，例如焦慮、記憶障礙、闖入型意念等。在這裡，我們要談的是自我批判、審查和責怪。

在承受壓力時，我們的心智可能會變得極度飢渴，甚至開始吞噬自己。我知道自己經歷過這些。和其他人相比，深思熟慮、自我反省的人對自己嚴苛許多。然而，在這樣的時刻，敏銳的心思不是你的好朋友。特別是在突如其來或不尋常的死亡後（但也會出現在其他類型的失去），我們會不斷重播所有的事件，回顧自己扮演的角色，一遍又一遍。我們會回顧每件事：每個細節、每個字句、每個選擇。我不只掙扎著回想當天河邊的一切，更是每天都面對著失控的思緒循環，關於我到底應付得好不好、馬特會不會認為我做得不錯。經歷了這麼多卻還要被馬特隱形的鬼魂批判，讓我覺得很不公平。

我們的心智，實在不怎麼讓人開心。

許多性靈上的傳統是對的：心智是受苦的根源。即便心智偶爾會告訴你事實（百分之九十九點九是假的），我們也沒有理由持續用殘忍的批判性想法來折磨自己。這類想像中的戰爭是贏不了的，只是對自己殘酷而已。

那麼，我們該如何區分有用或無用的想法呢？聽起來有點難懂，但我指的是區分會使你好轉或惡化的想法。「惡化」的想法會緊抓住你的痛苦，並且加入更多壓力，讓你所受的苦增加。每個人都會有折磨自己的獨特方式，但這其實只是自己所創造出對外來的焦慮，或是對過去的壓力。我錯失了什麼？為什麼我當時沒有用別的方式處理？我該怎麼活下去？都是我造成的嗎？這些都是將我們打入谷底的想法，一點用也沒有，只會讓我們受更多苦，讓一切更加惡化。

「好轉」的想法則帶來相反的效果：痛苦依然存在，但你卻能感到更冷靜穩定。好轉的想法可能是故事、觀點或內心的畫面，讓你能更接近自己，讓你感受到絲毫的平靜堅定，讓你更能承受自己身陷的痛苦。

試試這個　好轉或惡化

參考前兩個練習的觀察，列出讓你感到理智的事物，以及讓你失控的。怎樣的想法、觀點、影像屬於惡化的那一端？也可以加入前面清單上的活動，例如和特定的人相處、花太多時間上網、吃得太差等。基本上，這裡面應當包含會使你遠離愛、對自己殘酷，或懷疑自身理智的事物。

在另一邊，寫下所有好轉的想法、觀點、影像，以及幫助你更穩定冷靜的活動。我不會擅自猜測你的清單會如何，留待你自己去感受，接近自己的內心，感覺對了自然就會知道。

這項練習應該在相對冷靜或安靜的時刻進行，如此一來，當痛苦變得太過巨大，才能有所依靠幫助。這能幫助我們不再招來更多折磨，將思緒轉向健康與寬容，從清單上選擇不會讓事情惡化的不同行動。

什麼事物會讓你受更多苦？什麼會讓你面對的痛苦緩和一些？

這會造成什麼不同嗎？

我之所以會要你花這麼多時間蒐集訊息，是希望你能辨識出受苦程度提高的時刻，以及比較平靜受控的情境。區分痛苦和受苦後，我們才能更看清特定活動對於悲傷的影響。區分怎樣的想法帶來好轉，怎樣的又會讓一切惡化，才能幫助我們更輕易地轉移思緒，不再執著於沒有道理的受苦。

前面所提供的活動（記錄活動和互動、受苦或照護的證據、好轉或惡化），都能幫助我們建立起某種導航，引領我們活下去。人生導師瑪莎．貝克將這稱為「尋找自己的北極星」，除了讓我們找出自己受苦的證據，也告訴我們該如何減輕受苦，特別是當我們迷失在痛苦中，不知道該如何幫助自己的時候。

整理好這些訊息，將幫助我們注意到自己的痛苦是否太過沉重，難以承受：受苦的證據顯而易見。這讓我們知道在受苦超過限度時，可以如何著手改變：選擇最近曾經帶來相對平靜心情的活動。睡不好？蒐集的訊息可能顯示，如果降低糖分的攝取並在半夜時遠離電腦，就能稍微提升睡眠的品質。覺得被憤怒和不公平的感受吞噬？記錄會告訴你，有些「朋友」會批評怪罪你的悲傷，讓你本來合情合理的憤怒變得太過強烈。若要減輕折磨，就必須多花些時間在沒有人會批判你的大自然裡。你可以選擇將更多時間，投入在有絲毫可能帶來內心平靜的活動，然後看看一切會怎麼改變。

這樣很蠢

一開始的時候，你可能會覺得所有蒐集資料、建立索引的過程，只是荒謬的腦力活動。而從某些層面來看，確實也是如此。但重點是，我們無論如何都不該在沒有任何自助工具的情況下面對如此龐大的痛苦。如果想找到減輕受苦的方法，我們就必須先對受苦懷抱好奇心，探索自己內心的領域。

我知道，就算能列出最完美的清單，實際上也無法修復任何事。但請記住這是個實驗，在當中找出能幫助自己或造成惡化的事物，將為我們指引方向。當悲傷和失去的現實使你承受不住時，這將給你一個具體的立足點。雖然沒辦法修復任何東西，或許效力有限，但總會帶來一些幫助。

悲傷初期的此時此刻，我們嘗試的目標，以及我希望帶給你的，是讓你為自己找到一些平靜，你的受苦可以因此減輕，也可以對自己更溫柔寬容，好好照護自己的痛苦。願你能正視著崩壞的一切，卻不墜入受苦的深淵，讓一切更加惡化。

當你開始蒐集資訊，觀察什麼會造成惡化或帶來些微好轉，你或許會開始注意到一些模式。某些時候你會覺得冷靜下來，某些時刻又像沙袋一樣被揮來揮去。前者並沒有比較正確，後者也不代表「情緒智商不足」。只是前者讓人感覺較好，後者則是糟透了。有時你會選擇糟透了的後者，因為你真的已經對照顧自己無能為力。這是完全可以接受的。盡自己所能就好。

有時候，我們體內的能量所剩不多，唯一能做的就是讓自己轉而面對好轉的方向，試著對自己更仁慈溫柔。我們不需要再做更多，只要轉向就好。轉向好的一面就夠了，就很有意義了。

8 活下去的方法和理由

借助工具和技巧來減輕受苦，是在悲傷中少數能採取的具體行動。然而，減輕痛苦並不能使你脫離痛苦，而痛苦可能依然巨大。

在悲傷初期活下去是個艱鉅的任務。別說是撐過一天了，有時痛苦太過劇烈，連撐過接下來的五分鐘都難如登天。在這個章節裡，我們將回顧能幫助我們承受痛苦的工具，以及當痛苦超過負荷時該如何是好。我們也將探討為什麼對自己寬容，如此必要也如此困難，卻是我們的良藥。

關於悲傷和自殺傾向，我們所必須知道的

悲傷會在我們的心理、身體、人際關係和一切事物，都造成傷害。只要想到在未來漫長的年歲中，永遠沒有摯愛的陪伴，就讓人瀕臨崩潰。想到其他人都回到正常生活，只有你還坐在絕望的廢墟中，也讓人難以忍受。現實太龐大，讓人無法接受。對許多人來說，光是每天起床就叫人失望挫敗：可惡，我還活著。會產生這樣的想法其實非常合理。

悲傷中的人們時常會寧願早晨沒有醒來，但這不代表有自殺傾向。不想要活著和想死是不同的。然而，這很難和悲傷者以外的人訴說，因為對方只會合理地擔心你的安危。正因為提到不想活會讓人難過，我們通常選擇不再提起，但這是很危險的。

在強烈悲傷中的現實是，我們必須直接地談論它。有時你一點也不在乎自己的死活，但不是因為你一心求死，而是因為你一點也不在乎。在悲傷中的某些時刻，我們會想魯莽冒險，就這麼讓死亡意外降臨，彷彿在向宇宙下挑戰書，讓自己被世界剔除。有時我們一點也不在乎自己的「安全」，我都知道。許多

人鼓勵我們，生命還有值得活下去的理由，還有美好的事會發生。這些鼓勵卻讓我們覺得和自己無關，或許也真的無關。我們沒辦法激勵自己脫離如此深沉的悲傷。

在悲傷初期活下去的重點並不是放眼未來，不是找到什麼讓你的世界再次亮起來，也不是找到活下去的理由。悲傷的世界並非如此運作，因為關於人生價值的尋常鼓勵都不著邊際，我們需要的是在悲傷威脅著吞沒我們時，能夠在極度強烈的痛苦中找到前進的方向。

對我來說，最強烈感受到生不如死的時刻，是在高速公路上開車的時候。而讓我在完全無視自己死活的當下，仍然把雙手放在方向盤上的理由，則是因為我不想傷害到其他人。我不希望讓其他人也承受喪偶的痛，不想搞砸其他人的人生，不想引發意外，造成其他人難以收拾的痛苦。光是不希望造成其他人的痛苦，就已經給我足夠的動機，做出比較安全的選擇。

我和一位同樣喪偶的友人有個約定：當我們覺得痛苦難以忍受時，就想想彼此的承諾，答應對方要活下去，不要魯莽行事。這不是因為未來一定會變得更美好，而是因為不想帶給彼此更多痛苦。我們需要彼此，也需要知道對方依賴著自己。彼此的愛和承諾幫助我們度過許多難以忍受的時光。

在悲傷中，從單純得不想活著，到嚴重傾向作個了結之間，其實有很大的空間。對於活著感受不到一絲興奮期待，其實是很正常的。重要的是，我們生命中至少要有一個人，可以傾聽我們誠實地訴說生無可戀的感受。說出真相可以使壓力減輕。而無論情況變得多惡劣，請保護自己的安全，請活下去。如果可以的話，為自己活下去，如果有必要，也為其他人這麼做。

請記住：覺得自己寧願早上不要醒來，和真的想要自傷或自殺，是完全不同的。假如你想傷害自己，請尋求協助，許多人都有和你類似的經驗。有時目標不用太遠大，想著如何活過下一分鐘就好。如果需要幫助才能撐下去，請撥打當地的自殺防治求救專線。大部分的國家都有全球性的支持專線，而只要有網路，就會有求助的資源。

”

我不會自殺，但肯定的是，如果有一台鋼琴在我經過時從大樓頂掉下來，我不會加快腳步逃開。

丹恩，寫在丈夫麥可過世後

在痛苦中活下去：正視破滅之處

從生理的角度，我們有一整部關於止痛的藥典。然而，關於悲傷帶來的真實痛苦……我們什麼也沒有。我一直覺得很詭異，我們對於幾乎每一種生理的痛苦都有解答，但對於悲傷（有時會是我們經歷過最強烈的痛苦）卻沒有相關的藥物。我們只能這麼感受體驗。

從某方面來說，確實是如此，痛苦的解答就是去感受。有些傳統教誨人們在痛苦面前練習同情心，而不是試圖修復。根據我對佛教思想的理解，四梵住（Brahma Viharas，即四無量觀）中的第四種同情心形式是「upekkha」（中譯為「捨」），即面對無法修復痛苦的方式。「捨」的境界是面對痛苦時保持敞開的情緒和見證，即便改變的能力很有限，也保持處之泰然的內心。這種形式的同情心（對自己也對他人）是維持足夠的冷靜，來感受一切；也是在感受一切時，明瞭一切都無法改變，卻依然保持平靜的心態。

「捨」或「安然」可以說是同情心中最難傳授，也最難修習的。和一般人的想法不同，安然指的不是不受到事物的影響，而是面對無法改變的真相時，仍能維持清明而冷靜的觀看。當事情已成定局，有智慧的回應方式就是去關注和感受，正視它，然後說：「我看見了。」

這就是悲傷的奧祕：痛苦的答案就在痛苦之中。或是像詩人康明斯（e. e. cummings）寫下的，若要治癒傷口，必須先看見傷口的鮮血。聽起來或許很抽象，但光是允許痛苦存在，其實某種程度上就已經改變了痛苦，看見痛苦賦予我們力量。真正的挑戰是留在當下，面對自己的心和最深沉的自我，特別是在自我已經殘破不堪的時刻。痛苦會希望被聽見，也應該被聽見。試圖否定、抗拒或粉飾太平，都只會讓一切更糟。誠實說出自己的痛苦有多麼強烈（這也是關注的另一種方式）就算無法帶來好轉，一定也會讓情況有所不同。

重要的是，我們必須找到能讓悲傷呈現最真實樣貌的地方，讓痛苦能展開，佔據所有需要的空間。當太多人告訴你收拾自己的悲傷時，只要知道有個空間可以讓痛苦舒展，就是一種治療，一種慰藉。越開誠面對痛苦，就越能與痛苦共存，也越能溫柔地照顧自己，這是活下去所需要的。

我們的痛苦需要舒展的空間。

我想，這也是為什麼我們會追求遠大於自身的大自然景色。雖然不只在悲傷中如此，但通常是在悲傷中。逐漸擴展的地平線、無垠無涯的廣闊空間，雄偉的景色彷彿有無限的空間，能容納一切，這是我們所需要的。

有時我們的悲傷甚至連宇宙也無法容納。這是真的，有時悲傷需要的更超過無盡的銀河系。或許我們的痛苦能繞宇宙好幾圈，或許只有恆星大小的存在才能夠承擔。當痛苦有足夠的喘息空間，能舒展存在，才可能軟化一些。當痛苦不再被禁錮壓縮，不再需要衝撞牢籠的鐵柵，才能停止抗爭自己存在的權利。

對於痛苦，我們不需要做什麼，只要讓它存在就好。給予痛苦關注和照顧，找到讓痛苦舒展的方式。讓痛苦存在，在痛苦中照顧自己。這和努力讓自己脫離痛苦，是全然不同的。

面對痛苦的方式是打開雙眼和內心，願意正視自己崩壞的地方。雖然不能修復任何事物，但卻能讓一切都改變。

照護痛苦：代價是什麼？

大部分的人不會刻意忽略自己的痛苦。我們並非不願意看見自己的痛苦，而是不確定面對時會付出什麼代價。雖然給予悲傷空間乍看之下並不是具體的能力或技術，但並不代表這麼做不需要相關的能力。

我的同事和友人蜜拉白・思達爾（Mirabai Starr）是《沒有絕望的商隊》的作者，在網頁的部落格中寫道：

> 當我們能接受生命中發生的事實真相，安全地待在共同打造的社群保護中，就會發現原本超乎負荷的事，變得可以忍受；不再尖叫著「不」，而是輕聲地說「好」，而在我們破碎的內心注入難以言喻的美好……試試看。假如你以前嘗試過，再試一次。找到內心失去所帶來的炙烈痛苦，讓它慢慢軟化。允許自己溫柔而關愛地探索這樣的痛苦方式：對自己懷抱同情，放下受傷內心的防禦，並在破滅中安靜地呼吸。不需要浮誇的公式或別人的認同，也不需要目標，只要存在就好。在悲傷的烈火

中存在，吸氣，吐氣。

蜜拉白鼓勵我們找尋「失去的炙烈痛苦」，但正面溫和地迎接痛苦，真實感受痛苦的強烈和沉重，總難免使人害怕。就連試著緩和痛苦的想法也讓人恐懼。我們會發現什麼？假如溫和地進入痛苦，我們還能找到離開的道路嗎？

過程的其中一部分，是要學著相信自己。然而，在傾覆的宇宙中要去相信似乎很困難。因此，我所謂的相信並不是要相信一切都會解決，或是自己能把每件事都做對，完全不是。我說的是，要相信自己不會將自己拋棄在痛苦中。

有時候，我們只要知道自己可以照顧好自己就夠了。知道無論發生什麼事，都會為了自己挺身而出，彷彿自己也是摯愛的人，盡可能地照顧好自己。反覆地這麼做將幫助我們更相信自己，也會讓直接正視痛苦容易一些。這將幫助我們找出痛苦，並嘗試著以同情心面對。

在創傷諮商中，一直到當事人建立堅固的支持框架，並找到管理情緒的方式後，我們才會開始真正討論創傷的事件本身。建立框架的同時，將幫助我們提升對自己的信心，在面對痛苦時帶來安全感。

若要找到痛苦，帶著愛直接去感受，代價會是什麼？進入痛苦時，要怎麼做才能帶給自己安全感，讓自己夠堅強？時間？隱私？酒精？錨定指引？保證會得到好的結果？

”

假如你要我在崩塌的廢墟中呼吸，我就必須向它依靠，將全身的重量都靠在廢墟上，讓它支撐我，或是使我倒下。這意味著重新經歷每一秒，而且不只是所有最艱難、黑暗、銳利的時刻。他死前的快樂時光會帶來一種特異的痛苦。這意味著我又一次從懷孕開始，倒數著生產的日子，內心充滿興奮地迎接自己的孩子，那是獨一無二的喜悅時刻。

有時，我想尋找痛苦，沉浸在其中，讓痛苦滲入我的肌膚。這有點像藥物，像系統性的清洗，把所有的舊基石都摧毀，再次從頭開始。我得說，有時感覺很好，讓我無所畏懼，因為已經沒什麼好失去了。悲傷使人無力抵禦，但有時會在最後帶來一種狂喜。因為已經沒辦法再對我做什麼了。這樣的自傲得來不易。我是一片嶄新的土地，渴望著新的建造。

凱特．蘇德斯，「寫作悲傷」的學生

關於兒子保羅的過世

試試這個

在殘破中的支持

要在悲傷中活下去，其中一項艱鉅的任務不是要讓自己覺得「ＯＫ」，而是找到能讓自己在殘破中感受到陪伴支持的方式。

若要探索自己的需求，或許可以寫下自己對下列問題的回應。或是你對蜜拉白的其他文字有些想法，也可以記下來。

- 在悲傷中，有什麼能讓你感受到支持？我們如何能使極度艱難的情境變得比較溫柔、慈悲，讓心靈比較能承受？
- 或許能將痛苦當成對話的對象：「我必須……，才能有足夠的安全感面對你。」
- 或許先寫下「假如你希望我在崩壞的世界中呼吸……」然後自由地接下去。

面對即將到來的忌日、紀念日，或是其他重大活動時，這也是個很好的練習。通常，如果我們知道有結束的時刻，就會比較容易撐過困難的事物。我們可以藉由和信賴的朋友訂下約定或日期，來為自己必須撐過的事物設定終點。舉例來說，假如你知道和房地產律師碰面會讓你的情緒劇烈起伏，那麼就在會面後約朋友出來喝個茶或散個步吧。準備豐富的食物在會面後補充養分，或是排隊看一場荒謬可笑的電影也可以。

回答完上面的問題，或許就比較能知道，有什麼能幫助你在面對糟糕的事物時，感受到充分的支持了。在事前先寫下這些，能讓我們在過程中有所指引，也確保在結束後有支持的網絡。這種自我照護有點像時光旅行：給未來的自己當下會需要的支持，之後就不需要再尋求了。

太多了！

悲傷最核心的「功課」，其實是學著如何在其中陪伴自己。但另一項同樣重要的能力，是在可能不安全時，學習關掉自己的悲傷或情緒。這或許是來自於你的工作，或是得面對子女／姻親／父母／愛聊天的鄰居，或是正在開車、操作機械。有時，要持續關注崩壞之處令人難以忍受。我並不是說關掉情緒是一勞永逸的解決方式（不會有效的），但在痛苦太過強烈時，可以暫時關掉一切。有時候，否認其實是一種仁慈，讓自己分心是健康的處理策略。

我記得馬特過世後的第一個情人節。當時，我幾乎什麼也吃不下，所以得在家裡放各式各樣方便食用的食物，讓我想吃東西時就能找到。我逼著自己去超市，即使停車場看起來格外擁擠，還是強迫自己進去。我幾乎和周遭世界完全脫節，所以一點也不知道當天是情人節。一踏進超市，迎面而來的是成雙成對的夫妻和情侶，到處都是。熱戀中的愛侶（或看起來熱戀中的）手牽著手一起買東西。巨大的告示牌宣告了當天的浪漫。無論我轉向何方，都看到情侶甜蜜地討論著要買哪種紅酒，或是要不要奢侈一下，買有機的草飼牛排。

無論我轉向何方，馬特都已經死了，馬特不在了。我再也沒有浪漫晚餐，連最普通的晚餐也沒有，什麼都沒有了。不只如此，所有相愛的關係終將因死亡而結束。四面的牆壁開始向我逼近，我沒有辦法呼吸，也沒辦法控制眼淚。我從超市中逃跑，找到自己的車，總算在淚水決堤前回到車上。我知道自己狀況很糟，幾乎要失控了，我必須讓痛苦停下來，否則沒辦法保持安全駕駛。我平常的支持小隊都沒有接電話或回訊息，想當然耳，他們都在和伴侶或家人共度情人節。

幸運的是，我想起自己在意外發生之前，曾經教過無數次的練習：當你內在的世界崩潰時，設法專注在外界具體有形的世界。讓崩潰停下，讓大腦冷靜下來，讓瘋狂的漩渦不再繼續擴大。

我過去的習慣立刻啟動。我找到身邊所有橘色的東西，並一一說出來：鞋子、里程表的橘色字樣、那個招牌的圖樣、那位女士的外套、滑雪板、愚蠢又醜陋的腳踏車、前座那疊信件上郵票的背景。

我其實也可以選擇某一個英文字母，然後說出我能想到所有以那個字母開頭的字。數一下停車場地上的線。或是撿起車子地上泰式餐廳的菜單，說出我以前喜歡菜色的原料。不管選擇什麼東西都無所謂，重要的是那些東西必須對自己毫無意義，而持續進行這項活動能讓我在情緒的風暴中下錨。假如我持續面對情緒本身，只會讓一切更加失控。

當我們的痛苦在當下環境中太過龐大時，就有可能演變為情緒崩潰。情緒崩潰可不是我說的給痛苦一些空間。痛苦從來不會讓人好過，但確實在某些時候，照護起來比較容易。

不要專注在自己的身體，不要試著尋找「快樂的地方」

當我們需要在情緒風暴中下錨時，選擇什麼具體的物件都不重要，重要的事物件本身必須越無害、越常見越好。有時，在這樣的情況中，治療師和老師會建議我們專注在自己的呼吸，或身體的感官上。然而，如果面對的是死亡、受傷或絕症時，將注意力轉到身體上反而可能讓一切更惡化。

在馬特過世後的前兩年，我還沒辦法遵循冥想的指引，專注於自己的呼吸。

每當我這麼嘗試，或是有人指導我時，我唯一能想到或感受到的，就是馬特的身體已經沒有呼吸了。將注意力轉到身體上只會讓我痛苦地想到，馬特已經沒有身體了，而我的身體也可能隨時毀滅。

有些教導則會建議我們在情緒失控時，想像自己在某個「快樂的地方」。在悲傷初期，「快樂的地方」根本不可能找到，沒有任何地方是不受到失去影響的，也沒有任何地方和死亡沒有連結。馬特過世以前，我內心的快樂地點是河邊的空地。我內在的河流已經被外界的河流摧毀，我沒辦法再回去並感到慰藉。對於我的一位客戶來說，任何想像快樂地點的可能性都被現實抹煞：他全身癱瘓，不可能一個人待在快樂的地方，更別提怎麼讓自己移動到那裏了。

當你的生命被全面顛覆時，沒有任何事物、任何快樂平靜的地方、任何活動、任何影像，是不受到影響的。

我這麼說不是要打擊你，只是單純述說事實而已：悲傷以外情況能利用的工具和技巧，在悲傷中不一定會有效果。這就是為什麼我希望你聚焦在日常而平凡的物件，當你關注的是無趣、重複出現的物品，而不是自己的身體時，就比較不容易引發更多痛苦。

要記得，當特定情境中的痛苦變得太龐大時，轉過頭去才是對自己的仁慈，才是關注、尊重、照顧自己的方式。設法讓自己撐過情緒的潰堤，當擁有足夠的資源和能力時，再回頭面對痛苦。

對自己的仁慈

在這一章裡，我提到仁慈好幾次。

注意到了嗎？

假如我們把這本書裡關於在強烈悲傷中的生存指南拆解，最終會得到的是：對自己展現仁慈。

好好照顧自己，帶著愛與溫柔面對自身的強烈痛楚，這些都不能修復任何無法修復的事物。

然而，我們經歷了這麼多，被迫做了這麼多：所有要打的電話、要做的決定、喪禮的規劃、轉眼即逝的脆弱生命等等。我們值得仁慈地對待，值得最好的照護和尊重，值得愛與關注。

我們身邊的人或許會嘗試，但卻不一定能對我們展現這樣的愛。這個世界本身充滿了毫無道理的痛苦、暴力和壓迫，也不會對我們表現這樣的愛。但我們可以對自己表現這樣的愛。

> 從今而後，讓我對悲傷的自己仁慈。
>
> 彼得・龐西《老人的等待法則》

我們可以仁慈對待自己

仁慈是自我照護的一種，是了解到自己何時該退後一步，讓痛苦不受批判地存在。仁慈是相信自己，接受對自己有幫助的，並拒絕沒有幫助的。仁慈意味著不讓自己的理智批判打擊自己。

對自己仁慈真的很困難。我們可以花上一整天，談論為什麼其他人值得仁慈地對待，但提到自己的時候呢？別想了。我們太清楚自己的缺點，知道自己都搞砸了什麼，知道自己表現得多糟。我們對待自己的方式太過嚴苛，雖然不會容許別人如此對待我們。不只是你我，每個人都為此掙扎。對許多人來說，仁慈對待其他人要容易太多了。

讓我們再回到第四種同情心，也就是「捨」或「安然」的境界，「冷靜而安靜地關注無法改變的事物」。這恰好描述了仁慈。

悲傷需要仁慈，一份對自己的仁慈，因為自己經歷了太多。

對自己仁慈，指的或許是允許自己依照需求盡情地睡，而不自我批評責罵；或許是對一些社交場合說不；或許是剛把車子開進停車場後，就決定自己無法承受在超市購物的痛苦，所以掉頭離開。

或許是讓自己放鬆一點，推拒一些自我要求；或許是有時推自己一把，逼自己離開避風的柔軟巢穴，進入更大的痛苦中。

仁慈的樣貌可能會改變，但我們對仁慈的尋求呢？仁慈會在怪異而動盪的世界裡，為我們帶來安全感和穩定，因為你知道你不會拋下自己。

仁慈不會改變任何事物，但卻能讓你的心靈和理智不再那麼難受。所以在今天，就算只有短短一下子也好，可以給自己一點仁慈嗎？可以花一些時間，想想對自己來說，仁慈指的是什麼嗎？

就算沒辦法立刻達成，也請轉向仁慈，朝這個方向努力，試著對自己仁慈一點吧。

試試這個

或許可以寫下自己對這個問題的回應：今天你會怎麼對自己好一點？此時此刻呢？

自我照護的宣言

正因為對自己仁慈寬容如此困難，我們必須每天都具體地提醒自己。在心理治療時，我們會用飛行安全守則做比喻：在遇到困難或危險時，請先戴上自己的氧氣面罩，再去幫助其他人。在悲傷中，我們必須將自己當成第一順位。為了活下去，我們必須堅定而強烈地照顧自己。

自我照護的宣言可能是幫助我們活下去的地圖，在我們迷失於悲傷或無法負荷時，能為我們指引方向；當外在世界堅持我們依照他們的方式做事時，可以支持鼓勵我們真實地面對自己，遵循自己的需求；幫助我們選擇用溫柔寬容對待自己，而非殘忍打擊。

說這是個「宣言」或許有點浮誇和自以為是；但說真的，沒有什麼比堅定照顧自己的需求、將自己放在第一順位，並且給自己足夠的緩和好轉空間更重要了。

自我照護宣言可以只有短短幾個字：練習仁慈，也可以是寫給自己的情書，或是一張清單，上面列出十項必須記住的重要事情。

試試這個

自我照護宣言

如果要寫出自己的自我照護宣言，應該包含什麼？寫下來吧，找些地方張貼，貼在所有的地方，每天練習。無論陷入受苦幾次，或是讓理智打擊你幾次，都能夠再次找回對自己的仁慈。

願你總是能仁慈溫柔地對待悲傷的自己。

9 我的心理怎麼了？面對悲傷的生理作用

關於悲傷對身體和心理的影響，其實不太容易找到相關的描述。這一章將探討悲傷最常見，也最怪異的影響，並且提供一些工具，幫助你在悲傷中，可以支持養護自己的身體和心理。

悲傷和生理學

我們通常認為悲傷主要是情緒層面的，但悲傷其實涵蓋了全身全心的經歷。我們不只是思念自己失去的人，全部的生理系統也都會引發反應。神經生物學的研究顯示，失去和我們親近的人會改變我們的生物化學：我們之所以會失眠、疲憊和心跳加速，其實都有生理的原因。我們的呼吸、心跳和神經系統的反應，其實有一部分受制於和熟悉的人或動物的接觸；因此，當我們失去親近的人，這些大腦的功能就會深深地受影響。

悲傷會影響食慾、消化、血壓、心跳、呼吸、肌肉疲憊和睡眠，基本上可以說影響了一切。只要是身體的一部分，就會受到悲傷影響。

除了生理層面的影響，悲傷初期也常會出現認知改變、記憶喪失、混亂困惑，以及注意力下降等等。有些影響甚至會持續數年，而這也是完全正常的。

從各種層面來說，失去一個人真的會改變你。

在「中間狀態」

悲傷初期是一段閾限（liminal）的時間。閾限（來自拉丁文「limen」，指的是「門檻、閥」）意指當一個人不再是原本的模樣，卻尚未蛻變成新的樣子，這期間的模糊和混沌。用蝴蝶的蛻變來比喻或許能幫助理解：我們可以說在蛹的期間，蝴蝶—毛毛蟲就處在閾限時期，既不是毛毛蟲也不是蝴蝶。同樣的道理，悲傷的初期我們也不屬於任何一方：過去的自己（無論是生理或心理）都陷入流動變化的狀態。

我們的身體和心理都會處在中間狀態。唯有了解自己正在經歷什麼，才能幫助我們在承受悲傷衝擊時，好好支持自己的身體。

疲憊和失眠

睡眠，無論是過多或過少，都是悲傷中一個很大的問題。這一章既然是關於悲傷與身體的關係，就應該從睡眠開始，因為睡眠不足或睡眠品質持續低落，都會影響我們身心對失去的處理過程。睡眠是身體重新修復的時間，也是當一切崩壞時，想要尋求改善或慰藉的第一個著手之處。

在意外剛發生時，悲傷創造了自己的睡眠作息。我時常在晚上十點時異常清醒，卻在早晨十點回到被窩，只清醒了一個多小時而已。那年的日光節約時間結束後，我也懶得調整自己的時鐘，畢竟那一年多來，時鐘唯一告訴我的，就是我每天似乎都會在凌晨三點時醒來。

我已經數不清有幾次被自己的哭聲吵醒了。

擁有夠好的睡眠品質很重要，但悲傷會改變你的睡眠模式：有時使你無法入眠，有時則讓你「清醒」的時間減少，幾乎整天都在睡長覺。當你真的睡著後，無論你有多麼疲憊，悲傷總會刺穿我們的睡夢。很多人會發現自己反覆在摯愛離開的時間點醒來，有些人則發現自己對空無一物的空間伸出手，又因為這樣的虛空而驚醒。許多人在夢將醒之際，會感到充滿希望，一切或許只是一場夢；當雙眼完全睜開後，卻被現實再次狠狠打擊。

假如你因為睡眠問題而感到痛苦，你並不孤單。在悲傷之中，無論睡一整天或總是睡眠不足，都是完全正常的。

假如你發現自己需要長時間持續的睡眠，在其他生理需求許可的情況下，是沒有關係的，盡量在可以的時間睡吧。這會幫助你的身體修復，保持良好的體能和健康狀態。睡眠不是逃避或否認，而是修復和喘息。

假如你無法入眠，或是噩夢連連，也不需要感到抗拒。正因為你的身體和心理都在處理過量的情緒，在這樣的痛苦中是很難入睡的。應該盡量得到更多的睡眠，而即使沒辦法完全睡著，也盡可能地讓自己休息。一定會有些事物能幫助我們入睡，但正如我們所知，悲傷不一定會依循可預測的法則。

這是少數醫療團隊可以幫得上忙的領域，可以和信賴的醫師或治療師談談，找到能幫助自己得到更多休息和睡眠的方式。

夢和噩夢

雖然和其他時間比起來，強烈悲傷時特別需要睡眠；但關於失去的噩夢卻可能使你對睡眠避之唯恐不及。反覆出現的夢境，或是在夢境中不斷重複著摯愛的死訊，其實都是悲傷健康而必要的部分。

但感覺糟透了，我知道。

經歷夢境的睡眠狀態，是我們的心理深層處理的時間，將痛苦的現實拆解成可以吸收的小片段。心理治療師詹姆斯．希爾曼寫道：「夢告訴我們，我們身處何方，而不是命令我們該做什麼。」噩夢不會給我們解決的方式，也不能提供未來的預兆，只是我們充滿創造聯想力的心理，試圖在失去中找回方向而已。

就算知道這些，也不會讓噩夢好過一點。我們的身心系統都努力地幫助我們活下去，而噩夢通常是過程的一部分。噩夢很健康，但「健康」的事有時也可能讓我們覺得糟糕透頂。

我喜歡瓊恩·伯尼老師推薦的方式：要察覺它，關注它，但不要與它糾纏，不要一頭栽進泥淖中地分析它。這裡的它指的不是噩夢，但道理是一樣的。當我們因為悲傷而作噩夢時，或許可以察覺到，了解那是心智努力處理失去的徵象。可以簡單地對自己重複：「我的心智正試著為悲傷騰出空間。」這會在你因為悲傷的噩夢而驚醒時，讓你的心冷靜下來，也安撫你的神經系統。

生理的挑戰：悲傷和身體的關係

悲傷在生理上的影響讓人吃驚嗎？

我時常聽見悲傷中的人談到和「神祕」痛苦與疾病的掙扎，例如：心悸、頭痛、胃痛、頭暈目眩，而這些都是由悲傷或壓力造成的。雖然我不是專業的醫生，但我可以告訴你，這在悲傷中相當常見，特別是悲傷的初期。（假如你很擔心自己的生理症狀，請諮詢你的醫師。雖然症狀可能和悲傷有關，卻並非必然。）

馬特過世後，我似乎繼承了他的胃灼熱、坐骨神經痛，和他常抱怨的頸部痠痛。在他過世以前，我不曾有過這些狀況。然而，這些轉移過來的痛苦，並不是悲傷對我身體帶來的唯一改變。

回顧悲傷初期的日記時，我驚訝地發現自己竟如此疲憊，身體承受著許多痛苦：肌肉痠痛、頭痛、全身上下不時浮現的幻痛。在事發後的兩年內，我前往急診室超過四次，有時是劇烈的胃痛、胸痛，或視野模糊，但每次的檢查都沒有任何異狀。

診斷內容：壓力。

許多研究都證實了壓力對生理的影響。突如其來的死別、預期之外的悲傷、人生遭逢的劇變，如果說這些會造成壓力，簡直太輕描淡寫了。

其實我們的身體會叛變，也不是沒有道理：我們能承受的就這麼多。

很多人注意到，是他們身體的反應和感受，提醒他們情緒沉重的日子即將到來。我們或許不會意識到今天是一個月的十七號，但卻整天都感到異常疲累，而且胃不舒服。直到抬頭看到日曆時才醒悟：十七號就是他送醫的日子，或是接到第一通傳達她失蹤訊息的電話。

身體會記得，身體會知道。

在許多方面，我認為身體都是容納了我們所有人生經驗的容器。想到這代表多少的忍耐和承擔，會出現裂痕破損，或是其他的壓力反應，似乎也再合理不過了。

體重改變

「哇！你看起來好極了！你真的瘦了好多，是開始慢跑之類的嗎？」

「我的伴侶過世了。」

「喔，好吧，不管你做了什麼，保持下去！你看起來太完美了！」

在悲傷之中，沒有所謂「正常」的食慾。有些人承受壓力時會一直吃東西，有些則像我一樣，對食物失去所有興趣。在馬特過世後的幾個月裡，我的體重掉了超過二十磅。我什麼也沒吃，營養的來源幾乎都是茶裡的奶精或偶爾的杯子蛋糕。每隔幾天，我可能才會吃個幾口食物。

我很幸運，這並沒有對我的身體造成長久性的傷害。我的醫生也將我照顧得很好，讓我知道假如她認為我有危險，就會插手干預。你的身體或許會有不同的反應，有些人會因為所謂的「悲傷飲食」，而留下嚴重的長期身體傷害。缺乏或過度進食可能造成的症狀包含：糖尿病、膽固醇過高、呼吸系統問題等，有些你或許已經聽過無數次了。當你因為噁心而停止進食，或是為了填補空虛而不斷吃東西，你的身體就必須加倍努力才能維持穩定。

話是這麼說，但我知道我們有時就是無能為力。在這方面如果採取鼓勵的方式，效果永遠比批評或強迫好，我們的身體需要燃料才能撐下去。你或許會發現，小份量、營養而健康的食物，比起豐盛的一頓飯，更容易被身體和心理所容忍。你或許可以給自己一些替代的選項（小睡片刻、散個步、打電話給某人），而不是在飢餓感消失之後仍持續進食。做自己能做的就好。

自我照護

在悲傷中，生理上的照護通常都不會是第一順位，我們很難去在乎健康飲食，也很難有足夠的動力練習冥想，或學習其他有助於減低壓力的技巧。在突如其來的意外後，關於照顧自己的身體這件事，我們可能會產生一種漫不在乎的感覺：「這有什麼用？」

但事實是，照顧好自己的身體，是少數能真正改變悲傷經驗的具體做法。找到一些簡單的步驟照顧身體或許不能改變痛苦，卻可以使我們的受苦減輕。

要記得，照顧好自己的身體是一種仁慈（而我們值得被仁慈地對待）。在可以的時候，做自己能做的。可以參考你在第7章時寫下的答案，找出能夠幫助你改善健康的模式或習慣：曾經帶來幫助的事物，或許能再次發揮效果。但也要記得，如果對身體狀況有疑慮，請務必諮詢醫師，或能提供健康照護的專業人士。

悲傷和大腦：為何我們回不去了

馬特剛過世時，我失去了自我——不過可能和你想像的不太一樣。以前的我看很多書，記憶力很棒，可以不靠記錄或日曆就把每件事安排妥貼。我曾經可以做到這些，如今卻會把鑰匙放到冰箱裡，忘記狗狗的名字，不知道當天的日期，甚至想不起自己到底吃早餐了沒。我沒辦法一次閱讀超過幾個句子，同樣的句子得讀上好幾次才能看懂。我曾經很精明能幹，著迷於深入的思想辯論，如今卻連最簡單的討論都跟不上。我甚至沒辦法給收銀員正確的零錢。

就好像我的心智不再運作了。你有過這樣的經驗嗎？你曾失去自我嗎？

在喪偶者的世界裡，我們有個詞叫「寡婦腦」（雖然可能發生在各種形式的失去經驗），指的是悲傷對認知所積累的影響。假如悲傷才剛在你的生命中爆發（可以是一天前，也可以是數年前），你很可能發現自己的大腦就是無法運轉。你或許曾經很聰明自律，能夠一心多用，記憶力和執行力都很頂尖。然而，悲傷會改變一切。

一步一步來：你沒有瘋

假如你的心智和以前不同，這是完全正常的。

你沒有瘋。你會覺得自己瘋了，是因為你正歷經的一切都混亂失去。悲傷不是正常時期，特別是悲傷的初期。因此，假如你的心智運作跟以前不同，也是完全合理的：一切都改變了。當然你會感到迷失，你的心智正在努力理解不再井然有序的失控世界。

因為悲傷對大腦和認知過程的影響，你或許會對曾經感興趣的事物失去興趣，你的智力可能會改變，你的記憶力和注意力也可能會下降到最低點。

悲傷會帶來這樣的影響，會讓你的心智發生重組，帶走你自幼建立起的各種能力。在悲傷中，即便最簡單的事物也可能變得無比艱困，曾經相當熟悉的一切都使人困惑。悲傷會影響你的記憶力、溝通能力，以及人際互動的能力。

雖然這些變化都是完全正常的，卻可能讓我們覺得失去了許多內在、個人的事物，讓自己不再是自己了。

記憶喪失

隨著悲傷而來的，時常是遲鈍的健忘，或是精神恍惚。搞丟的鑰匙或放在奇怪地方的玻璃杯，都再常見不過了。從超市買回來的冷凍食品卻放在洗碗機裡，明明是預約下個星期四，卻在星期一時就跑到牙醫診所。

無論在失去發生前，你的短期記憶如何，都會因為悲傷而改變。你會忘記名字、失約於人，想不起自己早上有沒有餵狗吃藥，這都是正常的。就好像記得這些細節都會耗費「額外」的精力，而我們的心智已經無法負荷。我們心智的容量有限，所以會篩選出對於生存沒有幫助的內容，並加以捨去。

記憶喪失是悲傷對身體的影響中，會隨著時間而持續改善的。距離失去的事件越久，我們的心就會有越多的記憶空間，腦中的秩序也會或多或少地恢復（或重新創造）。

於此同時，我們可以為自己留下各種提醒和紙條，來分擔大腦記憶的工作量。我們就算需要各種便條紙、計時器或鬧鐘，也不代表我們表現得很糟，而恰好證明了我們正盡自己所能地支持自己的心智，讓自己感覺好過一點。假如有需要，在全家都貼滿便條紙也沒關係。這或許沒辦法幫你找到鑰匙，卻能幫助你記得其他事情。

心理的疲憊

在事情發生之前，你或許非常有生產力；如今，你卻無法在清醒的時刻完成任何一件事。你或許會覺得必須注意的細節太多，讓人無法負荷。很多人都因此感到失去競爭力、動機和先前的自信。

之所以沒辦法像以前一樣完成許多事，其實是有理由的。這麼想吧：假設我們的大腦每天都有一百單位的能量。如今，悲傷、創傷、思念、寂寞等強烈的感受吞沒了九十九單位的能量。我們只能用剩下一單位的能量來面對日常生活中的事務。剩下的一單位必須用來處理車位和喪禮的安排、讓自己持續呼吸、讓心臟跳動、支援所有的認知、社交和理智活動。記住廚具該放在抽屜而非冰箱、鑰匙在廁所水槽下、衛生紙用完了等等的細節，已經不是大腦處理的優先順位了。

當然你會感到疲憊。你的大腦就和其他部分一樣，竭盡所能地運作，在嚴苛的環境下掙扎求生。試著不要用過去的標準批判現在自己的能力，此刻的你並不是過去的那個自己。

失去的時間

回首悲傷的時期，你或許沒辦法想出任何完成的事情或成就。有人問起時，你很可能拿不出任何證據，來證明你完成了任何事。要記得，在悲傷初期，大部分的事都發生在內心和大腦中，而不是外在的行動。不知道當天的日期，或是不記得上次吃東西的時候，這都是完全合理的。我們的大腦正是在這段看似毫無產值的失落時間裡，試圖重新整合在失去發生後的人生：這就像個清醒和睡眠的循環，我們的大腦不時下線來自我治療。

讓我們再次回到照顧自己身體的概念：盡自己所能地照顧自己，並且記得使自己每天的時間都消失的迷霧，總會有散去的一天。允許自己失去一些時間，接受而非抗拒，能讓你的感覺稍微好過一點。

是否需要閱讀

在我的一生中，我向來是個求知若渴的閱讀者，書本一直是我最忠誠的支持和陪伴。但在馬特過世後的第一年中，我幾乎連標籤都讀不完，更別提保持注意力看完一整本書了。當我閱讀時，發現自己完全看不懂。好吧，不能說「看不懂」，我認得那些字，也知道自己在讀什麼內容，但卻半點也進不去腦袋裡。我通常每一個段落都得讀上好幾次，才能稍微有點概念。角色讓我混亂，故事的情節使我無法理解。我時常在讀完整句話後，發現自己根本不記得上半句在說什麼。

幾乎每個和我分享的人，都說他們悲傷初期也是如此：悲傷奪走他們閱讀和理解的能力，也使他們無法集中精神。別想再像以前一樣同時讀好幾本書了，一次讀一個章節，或甚至只看一頁，就已經對我們的情緒和心理帶來很大的負擔了。

事實上，在寫作這本書時，我的團隊和我爭論每個篇章理想的長度。我們知道閱讀和理解很困難，所以對於每個章節的篇幅都反覆推敲。關於悲傷有太多要說，但能吸收接受的容量卻很有限。

無論在失去發生之前對書本有多狂熱，我們的閱讀能力都非常可能受到悲傷影響而降低，而我們多半無能為力。對於某些人來說，理解力會恢復，但注意力卻再也回不到悲劇發生之前；對於其他人，理解力和注意力會漸漸恢復，但感興趣的閱讀和學習領域，卻會發生大幅的變化。

假如失去閱讀能力讓你難過，請記得在多數情況中，這只是過渡的時期，你只是必須比想像中花更多時間，重新找回（或建構）你的閱讀習慣而已。

關於混亂困惑

閱讀理解力並不是唯一會受到悲傷影響的面向。在事件發生後的前幾個月，世界可能會變得怪異混亂：我記得自己在超市結帳的隊伍中，完全搞不懂手上的錢。我失去了計算的能力，不能理解每張鈔票代表的數值。我只能用猜的，淚水一邊從臉頰滑落，一邊將一疊鈔票遞給收銀員。

心智的混亂或是大腦彷彿籠罩著濃霧的感覺，都是相當常見的。就彷彿所有人類世界的組成（像是金錢、時間、交通規則、社會期待、衛生程度等等），都和我們正經歷的毫不相干。

在那段時期，我們彷彿和人類世界各種文化形式都脫節。我們曾經認同是文化的一部分，例如紙鈔可以換取等值的商品，或是中午就該吃午餐，都成了空虛沒有意義的符號，和我們內在真實的感受沒有任何關聯。

悲傷會將生命層層剝開，直到再也無法削減的本質。在那樣的狀態中，我們可能會覺得自己和「正常」世界間，有一道難以跨越的鴻溝。讓我們難受的真相是：我們和其他人不一樣，至少此時此刻如此。

我們的世界被一分為二，對於快樂的「平凡人」來說理所當然的事，卻常使我們無法理解，或感到毫無意義。

無論混亂只短暫持續，或似乎沒完沒了，都是正常的。但一般來說，混亂的程度會有所起伏，而且和生命中其他壓力源有關，同樣也會受到情緒勞務、睡眠和飲食狀況的影響。這就是為什麼照顧好自己的身體是一切的基石：當身體得到支持後，悲傷對心智的額外影響就會減低。

創造新的認知路徑

我不是大腦科學家，但根據我的了解，我們心智的運作方式是創造關聯性和辨識固定的模式。新的資訊加入時，大腦會和舊有的知識產生連結，這樣的過程通常緊密連貫，我們幾乎不會注意到。

在悲傷中，我們的大腦必須將殘酷的新事實重新編碼整理。新輸入的資訊完全沒有邏輯性可言，也和我們以前經歷過的截然不同，所以不可能建立出連結，也找不到歸類的方式。大腦沒辦法接受新的現實，就像你的心一樣，抗拒著失去的痛苦，只想著：這不可能是真的。

記憶和思考過程出現的缺口或斷層，都代表大腦正試著將失去和痛苦的訊息吸收，卻無法歸入舊有的世界中。我們的大腦最終會理解到，失去是無法融入舊有框架的，必須建立新的路徑、新的心智關係，將悲傷一天天地連接到我們改變的自我中。

我們沒有瘋，也沒有被打倒。只是我們的大腦很忙碌而已，必須花上一些時間才能重新連上線。

最終，我們的大腦會領悟汽車鑰匙不該在冰箱裡。最終，我們將能讀完整個句子、整個段落，不再需要對自己重複每個字才能看懂。

悲傷永遠不會有道理，失去永遠不能重組出秩序，但我們的頭腦和內心會做出調整，而失去會被吸收和整合。

這是我們大腦和內心的天職：因為新的經驗作出調整。沒有所謂好或不好，這就是它們的工作。

對很多人來說，可能要花上幾年才能讓認知能力恢復到接近過去的水準。其中會有些差異，有的是暫時的，有的則意味著你的心思和以前不同了。要記得的是，你的大腦正努力理解永遠不會有道理的事，所有曾經清晰的思考迴路都極盡全力在天翻地覆的世界中建立起連結。

我們的心智正努力地在瘋狂的現實中持續運作，所以對自己多點耐心，記得這一切都是面對壓力的正常反應，不代表你有所缺陷。

你沒有瘋，只是很悲傷，這兩者是完全不同的。

試試這個 辨識出悲傷在生理和心理的副作用

你曾經注意到悲傷對你帶來什麼生理症狀嗎？

悲傷如何改變你心智的運作方式？

當你脫離悲傷最初的打擊，漸漸習慣悲傷的重量之後，你的心理有出現什麼樣的變化嗎？

認同在悲傷中有很強的力量。聽了其他人的故事（在本書或別處），讓你知道自己的經驗很正常，給你什麼感覺呢？

10 悲傷與焦慮：在邏輯無用武之地時讓自己冷靜下來

悲傷會讓身體和心理變得很奇怪，認知能力並不是唯一受到動搖的腦部功能。焦慮（無論你以前是否就經歷過）也是悲傷中重大的問題。

我曾經深受壓力的折磨，在當中苦苦掙扎。

以前深夜從研究所開車回家時，我疲憊的大腦會想像出各種驚悚駭人的圖像，但我還有幾個小時才能回家，對這些可怕的事束手無策。我會想像自己十二個小時前忘了關瓦斯爐，整棟房子都燒光了，或許到現在火還沒有熄滅。我的寵物受苦的模樣在我眼前不動閃現。

真的感覺很糟。

經過了許多自我覺察的練習，再加上對這種情形感到惱火，我終於找到方式控制恐懼。事實上，我越來越能順利轉移注意力和想法，讓我覺得自己已經完全克服焦慮了。我超過十年以上沒有像那樣失控抓狂了。

馬特過世前的幾個月，我發現恐懼又再度捲土重來。我會在離開家後，開始擔心貓咪會不會逃跑，被困在什麼地方，然後又冷又孤單又害怕地死去。或是狗狗會不會被車撞，但我卻不在現場幫忙。只要馬特比較晚打電話來，我就會開始擔心，滿腦子都是負面的想像，完全無法集中在眼前的現實。

七月初的某天，我在恐懼的風暴中制止自己。我大聲地說出：「停下來！」大聲地說出曾經對自己和病人反覆交代的話語：「擔心還沒發生的事毫無幫助。假如壞事真的發生，到時候再面對處理就好。糟糕的事發生的機率很低，但真的發生了，總會有辦法。」

七天之後，幾乎不可能的事就發生了。但你知道嗎？我的恐懼偵測器一點預兆也沒有察覺，當天早上我沒有感到恐慌，沒有焦慮，什麼也沒有。我覺得非常平靜。當我最需要敏感偵測到危險和厄運時，卻失效了。

在那之後的幾年，我的焦慮完全失控。我不斷想像更可怕的事情發生，想像每個我所愛的人都瞬間消失，每個我認識的人（包括我自己）都身陷險境，或飽受折磨，甚至慘遭橫禍。只要讓我覺得事情可能出錯，哪怕是再小的徵兆都令我驚恐。就算很清楚焦慮一點用也沒有，更無助於預測防範任何災難。焦慮就像讓人成癮的藥物，而了解到再不可能的慘事也會發生，我們的束手無策，只會讓焦慮的情況更加惡化。

我之所以告訴你這個故事，是因為我認為你能感同身受。

對強烈痛苦或創傷的倖存者來說，焦慮的感受很正常。在悲傷中，會感覺這個世界危機四伏，需要保持警戒：搜尋災難的早期警訊，才能防止自己失去更多。我們可能會不斷地預演，假如噩夢般的創傷再次發生，該如何應對。

許多在悲傷中受焦慮所苦的人，會試著透過正向思考讓自己冷靜下來，或是提醒自己身邊有美好的事物、典型的日常生活非常安全。然而，一旦經歷過毫無預警或發生率極低的意外和傷痛，上述的方法就不再有效。失序的意外、突然的死亡、成真的噩夢，這些都會發生，而且就發生在我們身上。

焦慮、悲傷和個人的經驗合在一起，就會變得格外棘手。我們不再相信自己的直覺，而災難有可能降臨，所以唯一的方式似乎就是時時刻刻都保持警戒。危險無所不在，死亡總是等著我們，所以我們得做萬全的準備。

問題是，不間斷的恐懼沒辦法保護我們的安全，反而只會讓生命變得渺小、艱難而痛苦，讓我們的思緒成為精美的處刑室。眼前的未來成了一連串恐怖事件。焦慮讓我們輾轉難眠，而睡眠不足又使焦慮更加惡化。我們就像滾輪中的倉鼠，不斷重複著恐懼、試圖訴諸邏輯和痛苦的記憶，完全無法前進。

焦慮讓人疲憊痛苦，而且無論焦慮的內容有多麼真實，都不會有絲毫幫助。焦慮對於風險管理和危機預測，從本質上就沒有任何效益。我們大部分的恐懼都不會應驗，而就像我前面所說的，在真正的危機中，焦慮反而時常失靈。

假如焦慮對於預測未來乏善可陳，那麼我們為何要焦慮？到底是什麼讓焦慮感覺如此真實、如此符合邏輯，又如此難以抗拒？

大腦善盡職守……過了頭

事實是：我們大腦的本分之一，就是想像各種危險的情境。這個機制其實很聰明：在大腦中安全地預想我們無法以身犯險的情況，進而評估風險，思考可以採取的應對方式，以及思索如何解決生死交關的難題。如此一來，我們就不需要以脆弱的身體來冒險嘗試了。在比較不危及性命的層面，大腦也會想出該如何處理日常的問題，以降低身體的壓力負擔。我們會將問題徹底想過，找到方法讓情況更容易掌握和處理。

我們的大腦是內在的危機處理生存機制，充滿奧妙。

當眼前出現明確的威脅時，大腦會釋放出大量荷爾蒙，幫助我們快速逃脫，神經系統也會啟動高度警戒。功能正常的健康大腦會幫助我們逃離危險，或是對抗任何造成安全威脅的事物。一旦危機過去，身體就應該回到冷靜、無焦慮、低壓力的狀態。

當我們想像出高壓的危急狀態時，同樣也能觸發荷爾蒙，還有「戰」或「逃」的反應。有時候，對可能發生的潛在危險進行想像，的確會有幫助。問題是，一旦我們經歷過真正的危險，就會過度使用這樣的想像能力。每當我們想像各種潛在的危險和災難，以及所有可能出的差錯，就等於是告訴神經系統眼前有真實明確的危險，並觸發幫助我們逃命的荷爾蒙。我們無法逃離想像中的危險，所以這些壓力荷爾蒙不會消散。我們會想像出越來越多的危險，讓身體準備採取永遠也不會實現的行動。這樣的情況下，我們當然不可能回復「平靜和放鬆」

的狀態。

我們迫使自己的大腦在不斷試圖保護自身安全時，陷入疲憊狀態。

就像是狗狗會不斷咬自己患有濕疹的地方：越是啃咬只會讓疹子越癢，又讓狗狗越想去咬，咬了之後又更加發癢。恐懼的想法會激發大腦的反應，引起身體的反應，再制約大腦產生更多恐懼，繼續惡性循環。

這就是我們為什麼無法用理智說服自己不再焦慮，也是為什麼我們永遠不缺待解決的恐怖狀況：我們的思緒陷入自己創造的迴圈，不斷想出新的威脅來處理。

為了得到安全感而想像出危險

假如焦慮的迴圈既無益又可怕，為什麼我們還要這麼對自己？一點也不合邏輯，不是嗎？說到底，任何類型焦慮的目的，都是想證明我們很安全。無論是現實世界或情緒上，我們都希望確保自己很安全、受到照顧，永遠不會被丟下，失去愛和保護。我們的大腦時常重複播放著危險的情境，想像自己受到某種形式的傷害，目的是為了尋找一些跡象，來證明自己很安全。

或許有點奇怪，但這樣的反應是可以理解的：你的心裡出現「我好害怕」的念頭，於是大腦用大量的影像和荷爾蒙來回應，幫助你找回安全感。正因為經驗告訴你，世界充滿劇變和危險，所以當一項恐懼被解決時，大腦就會浮現另一種恐懼，透露著對安全的不斷追求：這是天生的求生工具失去平衡的表現。

當然你很焦慮。在死亡或重大的失落之後，我們對「安全」的概念就充滿不確定性。我們無法再仰賴過去的慰藉，繼續告訴自己恐懼不會成真，也不會再相信統計數字，因為機率再低的疾病或意外都有可能會發生。就算半個小時前才見過面，也不代表對方現在就一定好好的。當理所當然的安全世界背叛了你，到底該如何才能重新找回安全？

我並不是在說焦慮是錯的，只是焦慮無助於創造你渴望的安全感。要知道，無論你的焦慮怎麼告訴你，對災難的預演並不會讓你變得比較安全。反覆確認身邊的人是否安全，也不會帶給你持久的安全感。

短期面對焦慮的方式

正因為焦慮是失控了的求生機制，所以光是告訴自己停下來是沒有用的：假如否定自己的恐懼，只會讓恐懼更強烈而已。邏輯對於以恐懼為根基的系統也沒有幫助。就算把所有愛的人都包在保護膜裡，一刻不離開你的視線，也不會讓焦慮減輕一點。因此，與其壓抑恐懼，或迫切地想讓周遭變安全，還有其他的方式能幫助你提升安全感，讓內心保持在警醒卻平靜的狀態。

既然你已經讀到這一章了，我猜你正處於焦慮狀態中。處於焦慮狀態時，這個章節後半介紹的技巧可能太過複雜，未必會有效益。這些技巧的目的是幫助你改變思緒，轉向比較穩定而中性的思考模式，降低在焦慮中迷失的頻率。然而，假如你已經身陷焦慮了呢？那麼在焦慮的漩渦中，試著安撫自己的思緒，以及練習自我照護，短期內都能有所幫助。

安撫相關系統

要記得，焦慮是以大腦為主，針對想像中危險的神經系統反應。焦慮並非邏輯思考後的反應，而是生理的反應。創傷科學和神經生物學的研究都顯示，調整呼吸能幫助安撫在極度焦慮中受到刺激的神經系統。關於最新的腦科學研究還有太多可以說的，但最重要的道理很簡單：拉長呼氣的時間，能安撫你的神經系統，中斷由焦慮觸發的壓力荷爾蒙分泌。

當你焦慮時，試著讓吐氣的時間比吸氣更長。

就是這麼簡單，而簡單正是我們所需要的：陷入混亂失控時，一個簡單的指令要比一整套複雜的方法好記多了。讓吐氣的時間比吸氣更長，就能安撫神經系統的「戰」或「逃」反應；專注在呼吸上，則能讓我們的思緒有個重心，不再創造出一個接一個的恐懼。越簡單越好：只有一個選項，完全在你的控制中，而且隨時都可以利用。

在強烈的焦慮中（「強烈」意指你的大腦因為恐懼而混亂糾結），你或許也可以考慮第8章提到的靜心練習。如果你能將靜心和拉長呼氣結合，就能幫助身體和大腦找到平靜而冷靜的狀態。

想到冷靜就讓你驚慌，生怕疏忽了什麼危險嗎？

請記得，讓焦慮平靜下來和預料之外的事是否發生，真的一點關係也沒有。讓焦慮平息只有一個目的：就是「讓焦慮平息」。失控的恐懼思想會使我們無法專注在當下，無法享受當下的快樂。焦慮也會剝奪我們僅剩的能量，讓我們難以入睡，而且感覺糟透了。我不希望你這麼難受。

就算你從這一章中什麼也沒學到，至少記得練習讓你的呼氣時間長過吸氣。其實也不一定要深呼吸，只要吐氣拉長一點就好。實驗看看，感受一下效果如何。

照顧自己的身體

我們必須了解到，焦慮是一種症狀而非預兆。對許多人來說，焦慮程度的提高反映出過度疲憊、飲食狀況不佳，或是同時面對多項挑戰。假如知道焦慮和生理及情緒感受息息相關，我們就能多留意早期的徵兆，避免一切失去控制。

最簡單的方法是回頭參考第7章的清單，可以找到自己該留意的警訊。當思緒越來越焦慮或躁動時，代表你應該多關照自己的內心，讓步調慢下來，也好好照顧自己的身體：睡眠、進食、休息、行動。若能夠照顧好自己的生理需求，其實就能大幅降低焦慮感了。

克服焦慮的長期策略

我們必須思考，當焦慮糾結時該如何應對。當焦慮達到高峰時，比較有幫助的做法是試著讓自己冷靜，而不是探討焦慮背後的理由。如果想讓自己對生命所有挑戰的回應方式，由焦慮轉變為冷靜穩定，雖然需要許多練習，但並非不可能。還是有些事能幫助你不輕易落入焦慮的循環。

降低焦慮的頻率和程度可以分成三個部分：學習相信自己，用正面的影響取代災難性的想像，以及找到中立地帶：不否認危險的存在，也不淪陷於強烈的焦慮。

採取更有技巧的應對方式

焦慮是我們自己創造出的感受狀態，時常與當前的現實沒有任何關係：焦慮主要來自想像中的（負面）未來。假如我們不斷想像出問題麻煩，大腦就必須不斷提出想像中的解決方式。每一種狀況的解決方式都不同，焦慮的大腦會不斷嘗試回應所有的假設狀況，企圖將危機一一化解。不斷追尋安全的過程，只會滋養更多的焦慮。

舉例來說：我有位病患向來聰明、能幹、冷靜和勤奮。丈夫過世後，她變得執迷於各種負面想法，覺得一切都會出差錯，包括自己的房子、工作、是否出去旅行等等。她會整個晚上都清醒地躺在床上，擔心自己的暖氣系統有沒有設定錯誤。如果沒錯，系統是否正常運作？假如異常呢？假如煙霧偵測器失靈了，或是鍋爐突然爆炸了？

她的腦海中浮現一場又一場新的災難。她解決完一項，第二項就接著冒出。這就是焦慮最大的麻煩：我們永遠不缺潛在的災難想像。

與其不停想像出災難場景，接著想出解決的計畫，其實有個更有效率也更有助益的辦法：相信自己。面對腦海浮現的各種挑戰，你可以對自己說：「我相信自己能面對房子裡發生的任何問題。如果有不會處理的，我相信自己能好好尋求協助。」

相信自己並不容易，但無論如何，我們都有許多成功的經歷可以提取。我們很可能已經在大小事上，證明自己能面對大部分的挑戰，所以實在沒有理由認為自己處理不來，或是沒辦法在必要時尋求協助。

事實是，就算我們能撲滅想像中的火，也完全不能幫助我們對現實中的火災做任何準備。假如你的焦慮來自特定的事物，想想有什麼方法能降低這件事發生的風險吧。找些實際有用的事來做，例如更換煙霧偵測器的電池、晚上把門鎖好、騎腳踏車時戴上安全帽。用具體的方式面對恐懼，不要成為恐懼的俘虜。除非出現真實的需求，否則我們沒有想像出災難情境的理由。

與其無中生有地創造問題，不如告訴自己：就我所知，目前一切都沒事。假如任何形式的挑戰出現，我相信自己能有技巧地面對。假如我不知道該怎麼辦，我也相信自己會尋求協助。

用概括性的宣言說出對自己的信任，會比創造再化解潛在危機的模式，更能有效地提升我們的安全感。一段時間後，我們就能將心思由自我毀滅，轉向自我安撫。

你或許會說：「但我真的失敗得很徹底！」當生命發生重大失去後，我們可能覺得再也無法相信自己。經歷過車禍、自殺、父母過世或其他悲劇後，自我懷疑是很正常的。然而，如果從此開始不斷地自我懲罰，並不會有絲毫的幫助。或許我們當初應該別這麼做，或許。但或許這個事件和我們「錯失」了什麼一點關係也沒有，我們也不可能改變結果。

無論哪種假設才是正確的，在剩下的人生中都抱持恐懼一點好處也沒有。長期懷抱這樣的焦慮，只會讓我們過於疲憊，在真正有必要時，已經不剩任何應對的能力或智慧。

唯有保持冷靜的內心和充分休息的身體，才能幫助我們有效地幫助我們評估情勢，並有效地反應。不斷地自我拷問、雞蛋裡挑骨頭，或是內疚自責，都不會有任何好處。

想像最好的狀況

你或許會想：太好了，現在我要開始焦慮自己有多焦慮了。畢竟滿腦子災難只會讓情況更糟，而且很可能讓我在危急時失去應變能力。

嗯，這就是焦慮，會像雪球一樣越滾越大。

我們的主流文化相信，想法創造現實，而許多心靈自助的書籍和假的心靈大師也這麼告訴我們：假如對周遭的環境更注意，更留心每個細節，就不會讓自己陷入糟糕的處境。假如我們過得不好，一定是咎由自取，是我們的想法造成的。

因此，我們的文化可說是焦慮的推手：想什麼就得什麼，所以最好確保自己的想法是對的。如果事情出了錯，一定是你自己的錯。

「我們創造了自己的現實」這句話本質就是錯的，而且聽在悲傷者的耳中更是殘酷萬分。很多人已經為了悲劇而自責不已，一方面認為摯愛過世是自己的錯，一方面又擔心自己沒有「好好」面對悲傷。即便這之中或許（我說或許）有絲毫的真實性，但絕大部分都是完完全全的垃圾。你的想法或許能影響你回應問題的方式，但絕對無法創造問題。

我們或許很有能力，但絕非無所不能。我們不可能光靠想像，就造成死亡、疾病、失去或悲傷。我們的想法沒有造成讓我們痛苦的事，我們就算持續焦慮也不會導致更多悲劇發生。不保持焦慮警戒不會使我們受到更多悲劇的「懲罰」，但也不會保護我們不受到任何傷害。

如果光靠想法就能保護我們，那麼就沒有人會悲傷痛苦。假如光靠想法就能預防疾病、意外和苦難，就沒有人會經歷這些。美好的幻想並不能控制現實。

我們的想法能做的，是影響我們對自己和周遭世界的看法。對於想法最好的利用，就是控制我們美好的想像力（證據是，我們能想出這麼多災難情境），支持自己真正想要的未來，而不是其他選項。

基本上，我希望你能將大腦的本能用在好的方面，而不是投入焦慮中。假如你必須想像什麼，請試著想像可能出現的最好結果，並且讓這樣的想像指引你。不是因為這麼做能真的造成什麼影響（無論好壞），而是因為這樣會讓你好受一些。我希望你能好受一些。

假如你感到害怕，正等著看事情的演變，你可以決定如何想像整件事。畢竟什麼都還沒發生，不妨讓大腦想像一些美好的事吧。

用你的想法創造出內在的冷靜，以及希望和樂觀（就算微弱些也無妨）。這才是我們的想法能改變的現實。

找到中間地帶

若想要控制，甚至是轉化焦慮，關鍵不再於找到安全的地方，而是找到中間地帶。我們都需要保障，需要安全感，但生命的本質並不「安全」。下一秒可能會發生許多事，有的美好，有的可怖。對我來說，唯一在這般現實中活下去的方法，就是告訴自己：此時此刻，我並不安全，但也沒有身陷險境。每分每秒都是中性的。

這樣的中立性，就是東方傳統（及某些早期的西方傳統）所說的「無罣礙」或冷靜。這是一種警醒但平靜的狀態，既沒有反覆預演災難發生，也沒有否定抗拒生命中的威脅危機。

每分每秒，壞事和好事發生的可能性都一樣高。

我們訓練自己追求內心的平靜。特別是在悲傷初期，我們或許會反覆練習相信每個無害的時刻。不好，不壞，不安全，不危險。此時此刻，在這個地方，我們是……中性的。在中間地帶，我們有足夠的空間，可以好好地呼吸，這是我們所追求的。這和「無論如何」都心如止水，或是「超脫」一切，是完全不同的。我們看見當下情境最真實的樣子，不帶修飾或對未來的幻想。借用艾克哈特．托勒（Eckhart Tolle）的說法：焦慮是運用想像力創造出我們並不想要的未來。所以別這麼做。

假如你無法再相信「安全」，那麼就尋求「中性」吧。中性比恐懼穩定太多了。

焦慮更深入的答案：我們到底需要什麼？

我們時常因為感到羞愧，而假裝自己並不焦慮。否認恐懼不會有效果，只會讓你的人際關係變糟，讓你覺得充滿不安。隱藏焦慮只會使焦慮另外尋找宣洩的管道：你會展現出焦慮，而非對焦慮做出回應。

再次，請記得承認是最有效的良藥。聽起來似乎有些違背直覺，但述說真相，例如「此刻，我在世界上並不覺得安全」或「我很害怕我的狗死去」，會讓一切有所不同。焦慮會改變，我們對外在世界的糾結會得到紓解。

述說真相能讓我們放鬆，可以問問自己當下需要什麼。假如你發現自己正在想像災難場景，那就告訴自己真相：「我害怕會失去更多。」拉長吐氣的時間。問自己到底在尋求什麼：你此時此刻需要什麼？可能的答案包含：保證、安慰、依附、睡一覺，或是任何能帶來真實安全感的事。

假如你發現自己需要的是安心或連結，那麼除了想像無法戰勝的災難，或是反覆聯絡所愛的人，還有其他回應這些需求的方式嗎？你或許會需要更多相關資訊，或是真的開口尋求安慰或連結，而不只是對抗和控制失去的恐懼。

假如你出門在外，因為想像孩子或寵物可能遭受的危險而感到恐懼，或許該做的事就是回家照顧自己，而不是設法無視焦慮撐下去。這是對自己仁慈的另一種方式。請記得，睡眠或進食不足，都會使焦慮情況更糟，這是個警訊，告訴你應當要好好照顧身體了。

就像大多數的事一樣，這並沒有唯一的正確答案。重要的是，問自己：「此刻我需要什麼？什麼是滿足需求的最好方式？」

我們不一定能得到自己需要的。但練習詢問自己的需求，並採取看起來最有效的方式來滿足需求，的確可以幫助我們在世界上得到安全感。面對焦慮比較長遠的有效策略，就是述說事實，並且詢問自己的需求。在其他方式都失效時，這樣的做法會帶來幫助的。

有句話說：「與其用皮革包住整個世界，不如穿上鞋子。」這正是我想表達的：安全並不存在於周遭的世界，我們能掌控的太少，也無法預防死亡和失去。唯有自我支持，傾聽並回應恐懼下真正的需求，才能帶給我們內在的安全。我們沒辦法預防失去，「安全」只存在於自己的心中，關鍵是如何照顧自己，還有如何想像周遭的世界。

請用愛與尊重面對自己，特別是焦慮、恐懼的部分。焦慮是正常的，是你的大腦努力在悲劇後重新建構秩序的另一種方式。你的大腦正努力保護你的安全，所以可以的時候，請盡全力安撫你過度努力的大腦吧。誠實面對自己的恐懼，詢問它、傾聽它、回應它。無論發生什麼事，都盡力照顧自己。最重要的是，對自己仁慈。就如同作家雪倫．薩爾茲堡（Sharon Salzberg）的名句：「你自己，和整個宇宙的任何人一樣，值得你的愛和親情。」

試試這個

給悲傷表達的聲音

我的焦慮有固定的模式嗎？怎樣的情況會讓模式特別明顯？有時疲憊會帶來焦慮，我的早期警訊是什麼？

假如無法確定引發焦慮的因素，或許可以試著記錄焦慮惡化的情況。同樣地，記錄焦慮減輕或消失的情況也重要。焦慮惡化或減輕的日子，各有什麼特別之處呢？

對特定情境感到焦慮時，問自己恐懼之下真正的需求是什麼。通常，我們需要的其實是連結、保證或穩定。你看見什麼需求呢？有什麼方法能更有效率地滿足這些需求嗎？

面對焦慮時，可以如何對自己仁慈呢？

11 藝術和這些又有什麼關係？

我很想告訴你，藝術創作的過程會為你帶來療效。但我很不擅長說謊。若要提到藝術創作，我就必須誠實地分享自己的經歷。藝術，或任何型態的藝術創作，對悲傷初期的我來說非常困難。有很長的一段時間，我憎恨文字和寫作，也厭惡任何類型的創作。即便我很需要創作。

我一輩子都是作家，也是視覺藝術家。正因為在喪偶之前，藝術和寫作就是我職業生涯的一部分，有些人說我很幸運：因為我可以根據經驗來寫作和創作，可以將死亡蛻變為其他人的禮物。

就彷彿這樣的失去，伴侶突如其來的死亡，只要通過寫作或創作藝術，就能夠得到救贖。就彷彿我們的人生和馬特的生命，都只是公平交易的籌碼，讓我們能得到最終的作品。

這反映出我們文化深沉的信念：只要從悲傷中創造出什麼，就能抵銷悲傷；我們人生真正的呼召，就是將悲傷轉化為感動他人的藝術；當我們在痛苦深淵中轉向藝術創造，事實上就是在治療自己的悲傷。創作是讓痛苦昇華的方式，假如創作的成品夠好，還可以幫助其他人的痛苦蛻變。一切都會好轉。至少，藝術和寫作都會讓我們感覺好過一點，可以快一點接受自己的失去。

這個信念無論是對藝術創作或對我們本身，都只有負面的影響。我們需要藝術，也需要創作，這是人性的一部分。藝術創作至今仍是我生命中很重要的部分，我希望永遠不要消失。我的許多作品都和悲傷中的藝術創作有關，所以顯然我也並未放棄。然而，假如標榜藝術創作能達到悲傷治療，或是在重新振作前要大破大立，就讓我咬牙切齒、嗤之以鼻了。

從失去中創造價值並不是一種交易，也不是治療。

痛苦不會因為藝術而得到救贖。必須犧牲曾經擁有的，放棄本來的生命，才能創造出新的事物，根本不能說是公平交易。無論我們在痛苦中創造出什麼，或是將痛苦轉化成什麼，也無論成品再怎麼美麗實用，都無法彌補我們失去的。發揮藝術創造力不能解決任何問題，藝術的目的也不是讓一切變得美好無缺。

因此，悲傷中的藝術創作是個微妙的領域，無論是在現實世界中或是這個章節的討論。

”

寫作的奧祕是，我寫下的文字能讓你更加靠近，就彷彿另一種層次的誘惑舞蹈。這讓我想到魯米（Rumi，十三世紀伊斯蘭神祕主義的重要詩人）的情詩，描寫的其實是他和「未知」的關係。愛情穿過語言的面紗，而變得更清晰，淬鍊成了更接近神聖的存在。這是最好的祕密：我的文字讓你更靠近……我用語言為你穿上外衣，讓你的形影變得更加清楚。

克莉絲．葛洛茵，「寫作悲傷」的學生

關於丈夫比爾的死

那麼，為什麼要創作？

假如創作的目的不是為了讓悲傷好起來，那又是為什麼？我們之所以投入藝術創作，是因為我們的大腦（和內心）都必須靠著創作才能活下去。

痛苦和愛一樣，都需要表達，而人類的心思會自然而然地選擇創造的表達方式，這是我們的本能。我們生來就會說故事，會通過藝術和故事，來幫助我們了解這個世界，特別是在發生了難以理解的劇變以後。我們需要理想的圖像和故事，在顛覆後的新生命中引導我們；需要創作的過程，來見證自己的現實，讓自己的痛苦透過作品反映回來。在不願意傾聽痛苦的世界，無論是紙頁、畫板或素描簿，都能提供最好的傾聽和陪伴。

當我們區分了創作和解決或修復的需求後，創作就成了強而有力的盟友，即便不能改變痛苦，卻能成為我們承擔悲傷、減輕受苦的方式。

創作的過程也能加深我們和逝者的連結。死亡無法使兩個人的關係終止，只會造成改變。寫作、繪畫或其他的創作，都能幫助我們將事發前的交流，一直延續到事發後的生命。我們所創作出的故事，就是愛的延續。

有時候，創作也能幫助我們以自己的方式，在新的人生之中，重新和世界建立起連結。

我通常不會將喉頭的哽噎或胸口的糾結化為文字，也不會寫下強忍淚水時的隱隱作痛。文字有其極限，但痛苦似乎沒有，所以有什麼意義？文字充其量只是不完美的工具而已，太容易較人失望了。然而，在理想的時刻，文字能搭起我和另一個人之間的橋樑，而我珍視這樣的連結。當兩人相連時，就能彼此了解，知道對方所說的，不過是冰山的一角，水面下還有更多的感受、悔恨、夢想和回憶。我在三十五年的歲月忠和賽斯建立起橋梁，就像藝術品一樣。我想，要冒險重新開始，和其他人建立連結，需要的勇氣比我以為的更多。內心憤世嫉俗的部分告訴我，應該放棄靠文字來得到慰藉、力量和連結。但我心中抱著理想和希望、說著故事的部分沒有放棄，繼續在未知中朝著橋梁前進。

凱西．湯瑪斯．羅森，「寫作悲傷」的學生

關於丈夫賽斯的死

痛苦所扮演的角色之一，是促使我們和其他人溝通，甚至是深入地交流。如果沒有表達痛苦的渴望，我們就不會有凱特．珂勒惠支的作品，也沒有畢卡索的〈格爾尼卡〉。我們不會看見自己的痛苦反映在C．S．路易士、雪兒．史翠德、克萊兒．畢德維．史密斯或艾蜜莉．拉普的文字中。知道在不同的時空下，有人和我們一樣活在深沉的失落中，會帶給我們慰藉。

創作就像膏藥或支持，在難以忍受的現實中帶給我們幫助。雖然這個章節的藝術創作沒有辦法修復我們，也喚不回我們所失去的，卻能幫助我們在必須面對的一切中活下去，可以幫助我們述說現實的樣貌，為大腦和內心帶來些微的好轉。藝術創作可以幫助我們和失去的保持連結，也和悲傷中的同伴相連。就算沒辦法讓一切變得美好，但可以讓我們好過一些。

> 最好的時候，寫作的感覺就像我們不配得的恩賜。寫作是天賜的，但唯有在我們尋覓時。尋覓時，我們的心靈、身體和大腦都傷痕累累，唯有在那時，我們才會獲得。
>
> 安妮．迪勒《寫作人生》

關於寫作

近期的研究指出，就算每天只投入十至十五分鐘寫作，都能降低身體總皮質醇（又稱可體松，是一種壓力荷爾蒙）的濃度。雖然研究也提到寫作對於情緒管理、提升樂觀程度和降低惡意的幫助，但我想，我們可以最保守的說，寫作對於身體壓力的影響，能幫助我們的身體度過悲傷。正如我在第9章說過的，照顧好自己的身體，就能讓悲傷比較容易承受一些。

讓我感興趣的不只是對生理的影響。包含寫作在內的任何創作形式，都能幫助我們說自己的故事，進而使我們的受苦減輕。

老實說，我也說不出為什麼寫作能帶來幫助。馬特過世以後，我幾乎放棄了一切習慣，除了寫作之外。我的寫作目的不是為了療傷，不是為了溝通，不是為了找到平靜或解決方式，或是幫助自己接受。我寫作，是因為我必須寫作，因為文字就從我身上溢出，無論面前有沒有紙張都一樣。

悲傷初期，寫作是我和馬特連結的方式，讓我能繼續驟然中斷的對話。寫作讓我記下難得感受到愛和踏實的平靜時刻，或是當一切太過黑暗痛苦時，可以重新回顧的地方。我也記錄黑暗痛苦的時刻，因為在書頁上，一切都是允許的，一切都應該有機會發聲。

最近收聽播客節目時，有位主持人提到作家每件事都會經歷兩次：一次是真正事發時，第二次則是將事情寫下時。寫作本書時，我回顧了一箱又一箱悲傷初期留下的日記。在其中，彷彿有一張地圖記錄了當時的我，讓我重回了當時所感受到的強烈痛苦和愛。我想，寫作的另一個作用，或許就是給我們一張地圖，描繪出悲傷和愛的形貌。若我們有一天必須重返，就能有所依循。

> ”
>
> 失去柯爾以後，我注意到以往能在強烈情緒之中，幫助我得到內心平靜的應對機制都失效了。當我大哭完，沒有覺得好一點；當我在空蕩蕩的屋內尖叫，也沒有覺得好一點。我和治療師聊過好幾次，卻沒有幫助。然而寫作沒有讓我失望。在其他方式都無效時，寫作還是治療了我。雖然我的情緒傷口依然刺痛裸露，但卻稍微撫平了一點，所以不會每次呼吸時都痛得刺骨。這都要感謝寫作的力量。

珍妮．沙勒斯，「寫作悲傷」的學生
關於伴侶柯爾的死

寫下真相（獨自，或共同）

幾乎從「悲傷難民」草創初期，我就開始為悲傷的人舉辦寫作課程。我從未對學員保證寫作會讓他們好過一點；相反地，我要求他們完全投身痛苦之中。沒有什麼是不能寫的，沒有什麼是太嚴苛的。

當我詢問學生，寫作在悲傷中帶來什麼幫助，所有的人都說，寫下失去的真實樣貌能幫助他們活下去。面對悲傷，我們有太多忌諱和掩飾，而且不只是外在的世界如此，連自己的內心和理智也是。我們受到深刻的制約，絕口不提讓自己痛苦的事。然而，說出口會讓我們得到自由，被傾聽也將我們解放。在紙頁上，沒有任何內容是不受歡迎的。

”

寫作或許不能修復悲傷，卻給了我活下去最重要的工具，表達了我十五年來所背負痛苦的方式；寫作也帶給我許多美麗堅忍的靈魂伴侶，他們重視我表達的一切，而不會畏懼逃避。不只不畏懼我的痛苦，也不畏懼我這個人。寫作不能修復已經發生的事，不能重寫歷史，不能喚回我過世的兄弟。寫作也不能抹除痛苦，緩和悲傷，或是讓一切變得ＯＫ。寫作沒有把我修好，而是讓我開始正視尊重自己，認真面對自己的經驗，以及破碎的心。這段時間，我的座右銘一直是「唯一的出路就是去經歷」，這就是寫作悲傷帶給我的。寫作是幫助我去經歷的工具，也讓我的痊癒之路得以開始。無論我寫下的內容多麼沉重，文字都不會離我而去，這是多麼大的恩賜。

葛蕾斯，「寫作悲傷」的學生
關於兄弟的離世

我的學生們一次又一次地向我展示，光是述說自己的故事，就有多大的力量。我們不需要有好的文筆，也沒有所謂的對或錯。通過寫作，悲傷與愛、恐懼與陪伴，都會編織為我們人生故事的一部分，而且是人生最真實的故事。我們可以獨自為了自己而寫，也可以找地方和其他人分享自己的文字。重要的是，必須述說事實，不加以修飾，也不必感到歉意。

文字或許很渺小，卻包含了你的心，而紙頁會永遠敞開迎接你的心。

試試這個

給悲傷表達的聲音

即便你不認為自己是作家，也請給寫作一個機會。在本書中，你會找到許多寫作的練習和提示，或許能成為很好的起點。接下來也會有一個練習，請計時十分鐘，就算只能一直重複練習的主題，或寫著「我到底在做什麼？」都沒關係，一直寫到時間過完為止。寫完以後，在下方畫一條線（如果是打字，就插入分隔線），下方則寫下你在練習過程中的感受：假如你的悲傷沒有得到「修復」（其實不是假設，而是真相），有什麼改變了嗎？在自己的創作中，你發現了什麼？

這個練習來自「寫作悲傷」的課程，是我詢問學生最喜歡哪一項練習時，脫穎而出的活動：

假如你在寫小說，就必須知道主角的樣子。你得知道他們走路的方式，喜歡吃的東西，如何整理頭髮或不修邊幅等等，這些都不一定要是真的。某種角度來說，悲傷也是一個有自己的節奏和聲音，對你來說很特別的角色。既然要繼續和悲傷相處，就先摸索出它的模樣吧！

這項幫助我們的創作工具稱為「擬人化」，目的在於賦予悲傷自己的聲音。當悲傷有了聲音，就能告訴我們許多事。不妨將這個練習想像成讓悲傷對我們自我介紹。下面是個即興的例子：

悲傷顫抖地癱倒在角落裡，左手拿著空酒杯，額頭上有一抹髒污。

她呻吟啜泣，雙手驅趕著我看不見的事物。當我靠近時，她抬起頭，雖然受到驚嚇，但眼神很清澈，一邊調整洋裝的肩帶，一邊問我：「你想要什麼？」

她輕拍自己的衣服：「你最想要的是什麼？或許我有，或許就在某個地方……」

假如你的悲傷是個可以為自己發聲的角色，他會說些什麼呢？不要用自己的語調，讓悲傷真的開口，用悲傷本身的聲音來書寫吧。若想要這麼做，或許可以先花幾分鐘讓自己靜下來，閉上眼睛，深呼吸一下。覺得自己專注以後，再拿起筆來，或是準備打字。再深呼吸一次，吐氣時，想像自己問痛苦這個問題：

「你是誰？」或「告訴我，你是誰……」

”

我的文字不會褪色，永遠不會。我會形成更堅固的岩石，繼續雕塑自己，雕塑這個失去孩子的母親。我會。我會用母愛的錘子輕柔敲擊，將愛深深地刻劃在我的生命中。

在「之前」，死亡強烈的旋律不為我所知；但如今，我卻如母語般吟唱。我的文字是對兒子的愛最真誠的表達，我那死去的兒子，出生前就夭折的兒子。這是我的文字，我的事實。我的兒子過世了，離開了，而我很愛他。愛讓我學到了新的語言和文字。

卡莉，「寫作悲傷」的學生
關於兒子薩菲爾的離世

不只是文字：漫畫

馬特的身體一向非常強健，我母親甚至建議我用他來創作漫畫，標題叫「宇宙先生」。漫畫內容可以是關於他在地球之外的冒險，在遙遠的星系中四處翱翔，或是做其他許多事。

我得說，這類的創作不是我的風格。然而，我母親確實有點道理。漫畫涵蓋了許多充滿想像力的創作元素，雖然不是我以前嘗試過的，但我很感興趣。情節黑暗扭曲的漫畫對我來說非常有吸引力。

假如你需要一些引導來探索這項創作媒材，我可以推薦一些例子：作家和藝術家安德斯．尼爾森的《不要去我到不了的地方》和《結局》述說了他的未婚妻雪兒的疾病和死亡，以及他往後的人生。湯姆．哈特的《羅薩莉．閃電：漫畫追憶錄》寫下兩歲女兒羅薩莉突如其來的死亡。

以悲傷為主題的書中，我最喜歡的是麥可．羅森的《難過之書》，由昆丁．布雷克插畫。書中完全沒有美化悲傷，或是將失去描寫為浪漫的解謎過程。這本書很單純，述說了羅森在十八歲愛子艾迪意外過世後的心路歷程。

或許你無意認真創作一整篇漫畫，但身邊放一本素描簿會是很好的助益。有時候，圖片和姿勢素描反而會比文字精準得多。無論選擇何種媒材，都不需要擔心內容太過黑暗。這是你的生命，你的創作可以如實反映；事實上，應該要如實反映。

拼貼

有時候，我真的無力承擔文字。馬特過世前就曾如此，過世後更是。文字有時讓人氣惱，語言有時也會太過侷限。雖然寫作是創造，卻仍會使用到心智中邏輯和思辨的部分，而這兩者在深沉的悲傷中都不太有幫助。

悲傷初期，我有時會用筆尖戳刺日記簿，因為文字的侷限而備感挫敗。我很沮喪，因為文字是我和馬特的共同人生僅存的部分了；我很憤怒，因為我應該把所有的艱難痛苦都轉換為音節和字句。愚蠢，愚蠢的文字。

為了化解被文字壓得喘不過氣的心，我時常重拾過去對拼貼的興趣。拆解剪下雜誌，摧毀文字和圖像，再創造出屬於自己的新事物，這樣的過程讓人感到滿足。拼貼和稍後要提的重組詩（found poetry）很像，都是用其他人既有的影像來創造出新的敘事，可以讓人感到最深刻的滿足。我現在仍會做拼貼，在興頭上時，甚至一天會創作一幅，都收藏在一本小的素描簿裡。每天創作幫助我了解自己身在何方，感受如何，也幫我將不願訴諸文字的感受呈現在紙頁上。因為是借用其他人的圖像，所以我不需要從零開始。

拼貼很適合做為每天檢視自己的方法：不需要文字和想法。拼貼幫助我們在悲傷的漩渦中找到重心，讓我們無論面對怎樣的混亂，都能找到當下的真實。

試試這個
拼貼

蒐集一堆雜誌和報紙，找一把不錯的剪刀、膠水或其他黏著劑，以及一些厚的素描紙。我喜歡亮面的雜誌，或是照片多過文字的。沒有必要自己買，可以上網找贈送雜誌的人，或是清晨散步時檢查一下附近的資源回收桶，那兒永遠不會缺雜誌。動手拼貼時，我偏好小型的裁縫剪刀，因為有時想剪下的圖案會很小。厚的素描紙比薄的影印紙更好，影印紙可能會因為膠水而變的皺巴巴。其實也可以為了拼貼特別找一本素描簿。

翻一翻雜誌，找出任何吸引你的圖片。讓你的大腦在雜誌的頁面間漫遊，如果被文章吸引住很正常，但試著把自己拉出來，專注在圖片上。

可以先找比較大的圖片當背景，然後再剪一些你喜歡的小圖片，也可以剪一些讓你厭惡的圖片。不需要有什麼「道理」，也不需要追求「藝術」，撕下或剪下自己喜歡的就好。一旦有了足夠的庫存，就可以開始在紙上排出樣式。基本的背景和較大的圖片搞定以後，開始黏貼吧！

請記住，創作的目的不是幫助你理解任何事，或是做出什麼美麗的成品。你選擇的圖片往往才是決定最終作品的因素。假如你發現自己越來越鑽牛角尖、吹毛求疵，試著設定計時器吧。如果知道自己必須快速完成，做決定時就能更憑直覺，不會太過嚴謹。在拼貼中，直覺是件好事。

重組詩

如果你還是偏愛文字，或者想在拼貼練習中加入文字，那麼重組詩會是個很棒的選擇。

就像對其他事一樣，請把這當成實驗。創作文字和圖像的拼貼，為你內心帶來什麼改變了嗎？創作當下，你是否有了些微的喘息空間？拼貼能暫時撫平你躁動的心嗎？在拼貼創作後，有些人會覺得更放鬆，或至少不再如此緊繃。

就像第7章的好轉——惡化練習，嘗試拼貼或其他創作的過程，也能讓我們更知道如何承受失去，如何盡可能地好好對待自己。或是像我常說的，這類的事不會有任何正面的建樹，但感覺卻比其他糟透了的事好上許多。有時，這就是我們的判斷標準：比其他破事好一點。假如你得做點什麼，才不會因為想太多而失控，那麼試著暫時借用其他人的文字或圖像看看吧。

試試這個　重組詩

找一份報紙，或是任何印刷品，例如書本、傳單或型錄。網路上的文字效果就沒那麼好。將印滿文章和文字，沒有什麼照片的紙頁完全攤開，找一枝螢光筆或彩色筆。閉上眼睛片刻，深深吸一口氣（越深越好）。吐氣，然後開始掃視這張紙，隨機在各出標出一些文字。

讓現成的文字決定你要寫什麼，但假如有需要，別只侷限在一篇文章或專欄，可以到處看看。當你覺得足夠了，就把劃起來的文字或短語抄下來。你可以重新安排順序，也可以依照找到的順序。反覆嘗試幾次，或許會有令你驚喜的發現。

重組詩沒有特定的「主題」。事實上，如果你覺得悲傷難以承受，幾乎令你燃燒殆盡，那麼就用找到的字編個荒謬的故事吧。可以用不同的顏色在同一頁上標記不同的故事，或是換到另一個部分重新開始。多方嘗試，看看會有什麼發現。甚至也可以把重組詩加入圖像拼貼作品：先完成拼貼，然後找一首重組詩來訴說這幅圖像的故事吧。

攝影、雕刻、編結，和烹飪的藝術

發揮創意的方式有上百萬種。在這裡，我主要關注的是寫作與繪畫，但無論哪一項讓你感覺良好，都是你該嘗試的。我曾經是個雕刻師，而我認為用陶土來創作，是最能發揮創造力、宣洩感情、治癒人心的活動之一。我有許多喪偶的朋友選擇投入攝影，有些則開始編織或其他布料相關藝術，也有將創造力投入食物，在逝去的家人再也不需要吃東西時，創作出美麗的料理來餵飽生命中的其他人。

不管你在悲傷中選擇做什麼，都請記得這是你專屬的。沒有人有權力決定你的作品該是什麼樣子，或是什麼應該讓你好過一點。探索創作是我們悲傷中的同伴，而不是萬靈丹，這是你內心深入的鏡子，所以應該反應出真實的樣子。

工作進行中

所有的創作都能幫助我們看見自己當下真實的生命和內心。對某些人來說（特別是悲傷之外的人），這聽起來不是什麼好事。但事實上，聽見自己真實的聲音，看見自己真正的現實展現在眼前，無論是文字、圖像或照片，真的能帶來一些改變。

”

在悲傷元年，我幾乎沒辦法相信發生了這樣的事，所以將一切放在內心之外，像一件沉重、銳利而糟糕的物品。這東西總是刮傷我的手，或是掉到地上，狠狠砸中我的腳趾。我拖著這個重擔度過炙熱的夏天、繽紛的秋天、下雪的冬天，以及重生的春天，才終於創造出足夠的空間，讓它進入我的內心。

你知道的，一切昭然若揭：無論再怎麼清理，內心的小空洞都無法容下那巨大尖銳的重量；無論再怎麼嘗試，都沒辦法拼回我破碎的心。我必須學著把這看成雕刻創作，陶土就是我的失去和我自己，直到我可以建造出一些新的東西，然後退後一步，接受我這樣的半成品。

凱特．卡爾森，「寫作悲傷」的學生
關於女兒羅拉的死

你的生命，和你的悲傷，都是進行中的創作，沒有必要倉促完成，也沒有必要完美無瑕。只要有你，有愛的故事，以及讓你來到這兒的痛苦就已足夠。找到方式來說自己的故事吧！

12 找到自己的圖像或「康復」

和剛面對悲傷的人們談話並不容易。在第一年中，我們會忍不住想說：「一切都會好轉。」我的意思是，如果坦承「第二年通常比前一年更艱難」，難道不會太殘酷嗎？但假如我們什麼都不說，進入第二、三、四年的人們，就會認為自己應該要「好一點」了。但這根本上就是錯的，接下來的可能會越來越不容易。

然而，如果我們只述說悲傷最沉痛的現實，也就是它會長期盤據在我們心頭，那麼對方就會覺得毫無希望。我們不能只說：「沒錯，這又恐怖又糟糕，而且會持續非常久。」卻不提供任何長遠的希望。

我們必須找到能同時談論兩個層面的方式：一方面是沉重而持續的痛苦，另一方面則是如何在其中最真誠、溫柔，甚至是美麗地活下去。為了達到這樣的目的，我們得談談這當中應該使用的文字和傳達的意思。

”

該來談談了，在死亡之後，在悲傷之後浮現的：一種比較輕柔的失落。不再令我腹中絞痛，而是塵埃落定的感受。我能睡得比較祥和，而就算輾轉難眠，也不再令我掙扎抗拒。我仍在學習悲傷和失去的這個面向。我這個人不再被悲傷所侵佔取代，而是與其合二為一，再也沒有區隔。在他過世時，我的世界一分為二，裂開的鴻溝彷彿黑洞般，卻仍有谷底，然後向上通往我的未來。我用我們的愛來填滿這個傷痕，在靈魂上永遠留下這樣的傷疤。仔細想想，真的很不可思議，如此痛苦的事發生在我身上，而且找到了存在的空間。我希望我能告訴他這些，告訴他我是如何帶著他繼續前進。

米希爾．沙可．杜威爾，「寫作悲傷」的學生

關於丈夫丹尼斯的死

我們不能從「死亡」康復

我對於語言總是字斟句酌，力求精確。即便是在最好的狀態下，錯誤的用字遣詞仍會令我咬牙切齒。因此，當伴侶剛過世時，只要聽到「復原」或是「好轉」就讓我難受。「好轉」聽起來簡直荒謬，到底有什麼是能再改善的？

如果你愛的人依舊是死的，到底要怎麼好起來？

坦白說，我們不可能就這麼從如此重大沉痛的失去中康復。

根據字典定義，「復原」指的是使人回復到正常的狀態，重獲失去的事物，或是因此得到補償。許多因為失去兒女、摯友、手足、伴侶的人和我分享，逝去的摯愛原本應該還能再陪伴他們二十、三十、八十年。有些人因為意外而癱瘓，或是經歷了大規模的暴力事件。在這樣的悲傷中，「復原」的概念顯得格格不入。

宇宙間陷落的黑洞不會就這麼合起來，讓你可以回歸正常。無論接下來的人生遇到什麼事，都不足以彌補你的經歷。你失去的人生不會再回來，失去的一切也不會復原。

因此，如果從定義上來看，無論經過多少時間，我們都不會從如此的失去中真正「康復」。

同樣的邏輯之下，假如「治療」的意思是和新的一樣好，那麼也就不可能發生了。假如我們不可能復原，就像失去的雙腿不可能靠著意志力再長出來，那我們該怎麼繼續活下去？

為了在悲傷中好好活著，為了和悲傷共存，我想我們需要一些新的詞彙。

> 我不希望時間將我治癒，而這是有理由的。我希望時間讓我因為你的離開而醜陋糾結。
>
> 柴納・米耶維〈疤痕〉

所謂的「重新出發」並不存在

所有發生在生命中的事都會對我們造成改變，這是不變的真理。若預期，或甚至是要求我們在強烈的悲痛後回歸正常，那實在太沒有道理了，特別是當其他重大的人生事件都沒有這樣預期的時候。正如我前面提過的，堅持要回歸正常其實反映的是發話者對痛苦的不適感，而非悲傷的真實樣貌。

我們不可能「重新出發」，也不會回到「以前的樣子」，因為這是辦不到的。如果拒絕自己因為如此重大強烈的經歷而改變，那也太過傲慢了。

我喜歡學者和作家薩米拉．湯瑪斯對於「韌性」和回歸正常的說法：

> 生命中的某些事件會使我們跨過門檻，而無論是否有意，永久性的改變都會發生。生命會不斷開展，而人們永遠都在成為什麼的過程。韌性在辭源上有抗拒跨越門檻的意思，抗拒跨越，而是在新的情境中調適舊的自我，卻沒有提供足夠的空間或時間，讓新的現實徹底改變我們。
>
> 和代表回歸原始型態的任性不同，耐心意味著改變，以及接受轉變的可

能性……同時展現了抗拒和溫柔，於是輕柔地打破了障礙。在耐心中，人們立足於變化的邊界。只要有足夠的時間，就有足夠的空間不受任何定義的桎梏，不需要屈就或被擊潰，而得以轉型蛻變。

薩米拉．湯瑪斯《耐心頌歌》

我們都會被新的現實改變，時常處於轉變的邊緣。我們不會復原，不會重新開始，也不會回歸正常。這些都是不可能的要求。

我有位摯友年輕時從事礦場復原工作，這是一個試圖將因為密集開採而受到汙染破壞的地景復原的環境工程。這通常很艱辛，而且失敗率高，許多環境學家甚至認為是不可能的任務，因為傷害太過嚴重了。當時，我的朋友和唯一知道方法的人合作，過程中包含和當地部落配合、調查各種地景的礦物和生物需求、以及研究土地本身（觀察土地的傷口，預測往後的生態變化）。工作本身耗費很大的體力，要過數十年才能看到成果：欣欣向榮的生態系統、原生動植物回歸、整個地景完全治癒。

朋友告訴我，拜訪復原現場的人只會看見美麗，已經看不出曾經毀壞的絲毫跡象。但對於實際投入工作的人來說，正因為看過新生命下的殘破，所以留下的傷痕顯而易見。在如今的美麗之下，埋藏著過去的生命。我們是走在毀壞後新生的表皮之上。

地球的確會治癒，而內心也是。假如我們知道該如何尋找，就能在新生的枝枒下發現過去的破壞。為了創造新事物的所有努力、付出、規劃和掙扎，都會和曾經的殘破融合，而讓我們看見。然而，就算失去所帶來的傷痛會永遠存在，也不代表我們將永遠地殘缺，而是代表了我們乃是由愛與傷痕構成，以及治癒與恩典，和耐心。我們會被他人、被世界，也被生命所改變。失去的證據將永遠留下，只要我們知道該如何找尋。

此刻的生命建構於過去的一切之上：所有的破滅、絕望、過去的生命，以及曾經擁有的可能性。

沒有辦法回到過去，沒有辦法重新出發，只能繼續前進：帶著過去的一切，面對屬於你的未來。薩米拉・湯馬斯寫道：「從這般的景色中，我學習到自己不需要回到過去的樣子，而可以同時背負著傷痕與喜悅。我不需要在屈從和破壞間抉擇，而可以透過耐心達到蛻變。」

在悲傷中的「復原」不是指重新出發，和任性會「回歸正常」也沒有關係。復原指的是傾聽自己的傷口，誠實面對自己的殘缺。復原是培養耐心，了解到悲傷和失落都穿透我們，改變我們，而不是等待著回復正常的時刻。悲傷和失落會以自己的方式，創造自己的美。

在悲傷中的復原是個不斷移動的平衡點，沒有終止的一天。雖然或許不會永遠沉重而痛心，悲傷和愛卻永遠都是我們的一部分。人生很可能會再次美麗，但悲傷卻會常伴左右，美麗、恩典和殘缺都是其中的一部分，我們無法抹除。

如果將失去後的復原視為整合的過程，或是學習與悲傷共存而非克服，那麼我們就可以開始談談什麼能幫助我們活下去了。

畢竟有些事無法修復，有些再也回不到過去的樣子，那我們該如何是好？這就是悲傷復原真正的功課：找到與悲傷共存的方式，圍繞著黑洞的邊緣，進而建立接下來的人生。

不過，等等：我不想感覺好過一點！

我還記得自己在馬特過世以後，第一次真的笑出聲的時刻。我感到萬分驚恐：就算只有一瞬間，怎麼能就這麼忘了他？我怎麼還能覺得任何事有趣好笑？我覺得我不只背叛了馬特，更背叛了自己。

好轉或整合悲傷這一類的說法，聽起來可能會有點刺耳，特別是在悲傷的初期。好轉可能暗示著你所失去的人和共同的未來，再也不重要了。對許多人來說，悲傷是和逝者最重要的連結。假如快樂重新回到生命中，那麼對於你所失去的究竟代表什麼意義？難道代表我們失去的其實沒有那麼特別或重要，所以才能這麼輕易地重新出發嗎？

在悲傷初期，我並不擔心自己要一輩子這麼痛苦。我擔心的是，自己有一天或許就不那麼痛苦了。生命怎麼可以就這麼繼續下去？如果真的如此，我該怎麼面對我自己？

在經歷了道別的幾年以後，我可以告訴你的是：一切的確會不同，但不會「變好」。某些角度來說，我懷念最初的日子，懷念只要伸手就可以觸及我們的生活，在衣櫃中嗅到他的氣味，在冰箱中看見他買的東西。我們的生活對我來說，曾經如此接近。在悲傷撕裂的那段日子，愛離我如此地近。雖然愛無法修復任何事，卻如此真實地存在著。雖然黑暗而痛苦，但那段時間充滿了力量。

我並不懷念乾嘔、噩夢、家庭衝突，或是撕裂般的痛苦，彷彿自己在世界上一無所有。老實說，回首那時的自己，我看見的痛苦讓人幾乎不忍直視。雖然悲傷初期有許多近乎讓我渴望的部分，但痛楚絕非其中之一。

痛苦和我對馬特的愛一直緊緊相連，但卻不相同。

真相是，我們此刻感受到的痛苦和愛緊密相連。而痛苦終將消退，但愛會留下來，會如同所有的關係那樣加深和改變。改變的方式或許不是我們希望的，不是我們應得的，而是愛獨有的方式。

我們和逝者的連結不會消逝，那不是我們對「好轉」的定義。當我們的生命繼續向前時，我們的悲傷會隨著我們，更重要的是，愛也會。悲傷中的復原指的是背負著過去、曾經的可能性，以及留下來的事物一起前進。

一切都不容易。

悲傷和愛一樣，都有自己的時間進程和成長曲線。就像所有自然的過程，我們沒有辦法完全掌控。我們所能控制的，只有如何照顧自己，帶給自己怎樣的愛和關注，以及如何面對生命給你的一切。

該如何在這一切中「懷抱希望」？

我在這一章開頭提到，在談論悲傷的真相同時，真的很難給予一些鼓勵。當我說到悲傷有多麼困難而漫長時，局外人常會說：「但你得懷抱希望！」

讀到這裡，你應該不會太意外我對「希望」這個詞很有意見。只要聽到別人說「你得懷抱希望」，我就會回嘴（但通常是在腦中）：「對什麼有希望？」

「希望」這個詞需要有受詞，我們得對「某事物」懷抱希望。

在死亡發生以前，許多人會「希望」有好的結果（舉例來說，癌症緩解或失蹤的好友能平安歸來）。而事發之後，如何能再相信希望的力量？

在悲傷中，有些人「希望」他們能撐過生命的劫難，也可能希望自己有一天能再次快樂起來。或是希望他們往後的人生能好起來，甚至比事情發生之前更美好。

然而，特別是在悲傷的初期，上述的說法在我身上完全不適用。對我來說，希望有更好的人生感覺是錯的。我喜歡自己過去的人生，喜歡自己以前的樣子。如果要認為馬特的死可以讓任何事變得更好，感覺更是錯得離譜。而假如希望自己有一天能再次快樂，那感覺就像將一部分的自己給拋下了。

我沒辦法對活下去、改善或快樂懷抱希望。我曾經擁有過的希望，都在發現馬特遺體的河邊蒸發無蹤。

這就是希望的問題，我們通常會聚焦在最終的目標：希望事情變得如何，希望最後結果怎樣。希望似乎總是伴隨著控制，希望能控制生命中某些事件的具體結果：也就是你希望得到什麼。

堅持對正面的結果懷抱希望，正展現了我們文化對蛻變和快樂結局的執著。我沒辦法懷抱那樣的希望。

假如我們改變希望的導向，從希望得到什麼，轉向希望如何得到，那麼我或許就能接受希望這個概念了。我們或許能不再希望什麼具體的結果，而是希望在痛苦的經驗中活下去，並從中感受到美麗和意義。

我們和悲傷、愛、逝者、自我和生命的關係會不斷改變，而在其中活下去的方式也有許多種。

我所能給予你（或期盼你）最真實的希望，就是在不斷改變一切之中，找到真實面對自己的方式。我希望你能不斷追尋美好，希望你無論如何都找到並滋養著這樣的動力。我希望你能追尋對愛的連結，讓它引領著你，就算深陷黑暗中也能找到方向。

繼續前進：你的復原圖像

瑪莎．辛內特醫師有一本很棒的著作，叫《優雅的選擇，痊癒的選擇》，恰恰描述了我所說的希望：在任何情況下，都能追尋最優雅、純熟、富同情心的道路。雖然未必總是能達到，但對我來說，為了自己而追尋，就是悲傷失落中希望和復原的基石。

復原不是要變得「像新的一樣好」，甚至也不是走出最強烈的悲傷，而是盡自己所能地，帶著更多的技巧、寬容和平靜經歷這些。復原需要耐心，也需要願意正視自己的真心，特別是在內心破碎得難以修復的時候。

我們總會用自己的方式，在自己的時間點，找到將悲傷編織進入生命的方法。悲傷會改變我們，是的。我們可能會變得更有同理心，因為體驗到無論立意如何良善，錯誤的言語都會傷人。我們可能會變得易怒，越來越難以忍受其他人的殘忍或無知傲慢。事實上，很多人都經歷過：在失去後，我們常會變得想保護其他人的痛苦，因而去糾正那些試圖帶走痛苦，卻造成更多痛苦的人。

悲傷可能會改變我們，而改變後的模樣仍是有待觀察。我們不需要為了嶄新而美好的人生，把悲傷拋在身後。悲傷是我們的一部分，所以我們的目標是整合，而不是抹煞。

關於自主

無論稱之為復原、整合或其他詞彙，最重要的是，我們必須自主地為自己選擇這樣的道路。

外界總會有許多壓力，要我們改變悲傷中的做法：多做點這個，少一點那個，應該試試這個，創辦個基金會或跑跑馬拉松呢？我們甚至會開始覺得，人生好像不是自己的。每個人都有意見，每個人都知道你該怎麼讓悲傷有意義。

在馬特過世以前，自主性一直是我的堅持，而現在更是如此。自主性指的是可以自主決定自己的人生，根據對自己的了解做出判斷，而不需要受到外在的規範或控制。我們的文化太喜歡給意見，幾乎讓人遺忘了，其實每個人都是自己人生的專家。其他人或許會有看法，但自己生命意義的決定權，應該完全掌握在自己手中。

正因為我對自主性和內在權威的概念很敏感，只要有人告訴我復原應該是什麼樣子，通常就會令我嫌惡反感。然而，如果是我自己詢問、好奇，對我來說的治癒或復原應該是什麼樣子，那就很不同了。

簡單來說：假如為了自己做出決定，選擇在悲傷中活著的方式，那麼一切都很完美無瑕；然而，假如你是被外界所逼迫，就算內容是一樣的，大概感覺也不會太好。差別就是：誰有資格決定何謂「正確」的選擇？

這是你的人生，你最了解自己，所以無論你選擇怎麼活下去，都會是正確的。我有位老師以前常說：「選擇什麼並不重要，重要的是你得根據對自己的了解，選擇對你而言最真實的。」

真實面對自己，堅持自己的真心和內在，這些都是引領你的力量。

未來的圖像

給自己未來的圖像很重要，特別是在混亂失序的時刻。給自己希望的標的，屬於自己的目標。

請記得，目的不是為了要使你改善。你並不需要這樣的失去。悲傷中的復原全部的重點就是找到真實面對自己的方式，尊重正視自己的樣貌以及過去的一切，並在接下來的年歲中繼續活下去。復原的重點不在於你將要做什麼，而是你如何接近自己的內心，以及如何面對生命活下去。

假如悲傷對你來說還非常、非常新，現在或許不是開始思考治療的時間。

但如果你覺得可以溫柔地詢問自己，那麼問問自己關於復原的事，就會是最真心的愛與仁慈。

試試這個

想像復原

有許多方式能幫助我們創造自己復原的圖像。首先，或許可以寫下關於這些問題的回應：

既然失去的無法回復，被奪走的再也無法挽回，那麼治癒應該是什麼樣子？

假如脫離「超越失去」的文化觀念，那麼好好活下去會是怎樣？

我將如何照顧好自己？

為了自己和其他人，我希望成為怎樣的人？

雖然我們無法知道自己的生命會有什麼境遇，但或許可以想想在生命中想要有什麼感受。你希望得到內心的平靜，或是感受到和自己內心或他人的連結？你希望滋養怎樣的內心和思考？你可以追求什麼？對什麼感到希望？

假如將心思轉向未來，你的悲傷會是什麼樣貌？愛和失去會如何融合？背負著這些又感覺如何？

更確切地說，悲傷初期的哪些部分，是你會慶幸能拋下的？現在的你能做些什麼，來幫助這些部分緩和釋放一點嗎？

你或許可以將答案一一寫下，作為生命中這段時間的引導；或是可以每天問自己這些問題，檢視對當下的自己來說，復原該是什麼樣子。

這些問題肯定沒有簡單的答案，而且可能會隨著時間而改變。但思索自己前方的道路，是你可以給自己的禮物，就從這麼問自己開始吧：假如我無法復原，那麼治療該是如何？我希望給自己怎樣的生命？

假如關於復原，你需要一些想法，可以參考第7章「好轉與惡化」練習的答案，會帶來一點線索的。

一直到這個部分，我都試著提供減輕自身受苦和照護自身痛苦的工具。要記得，悲傷本身不是問題，因此也無法被修復。悲傷是自然的過程，有自己的智慧和意識，會自己改變轉化。當我們支持悲傷的自然進程，而不是試圖加快或清除，那麼悲傷就會變得溫柔一點。我們的工作就是盡可能地照顧好自己，盡可能去依靠和選擇愛、仁慈與陪伴。這就像個實驗：雖然我們都是被迫進行，但確實是個實驗無誤。

可以反覆回顧我所分享的活動和建議。隨著在悲傷中的前進，我們的需求很可能會改變，而重新審視這些工具，就可以幫助我們了解自己想法和內心發生的變化。

在下一個部分，我們將從自身內在的需求，轉向對社群、支持和連結的需求。正是在更廣大的社群中，我們才會找到最深的慰藉和最大的失望。訴說支持系統的失敗，才能開始建立有能力正視無法修復的痛苦的社群。

III

當家人和朋友

不知所措

時

don't Know

13 該教育還是無視？

對大多數的悲傷者來說，周遭給的回應大都很笨拙，有些甚至相當無禮，充滿批判或責備的意味。我們在前面已經談過逃避痛苦的文化根源和我們責怪的傾向。重要的是，帶著這些知識面對自己的生命，就能幫助我們去理解身邊的人那些沒有幫助的支持，甚至加以修正。

無論是受到忽視，或是受到鼓舞要「想開一點」，都是悲傷中受苦最主要的原因之一。

在悲傷支持中，有所謂的兩難局面：因為我們的文化不談論悲傷的真相，所以也沒有人真的知道該如何伸出援手。最能夠告訴我們該如何幫忙的是悲傷者自己，卻往往缺乏足夠的力氣或興趣。因此，我們進退兩難：家人和朋友想要幫忙，悲傷的人希望得到支持，卻沒有任何人能得到自己所要的。

假如我們希望能更好地支持彼此，希望得到自己想要的愛與被愛，就必須談談到底出了什麼問題。這不容易，但卻很重要。

你在我的女兒過世十天之後，帶著一包微笑餅乾出現在我的面前，面露發自內心的笑容，並且鼓勵我微笑。這對我破碎的心只會引起反感而已。我的孩子過世以後，我們的友誼本質就改變了。此時再期待我的支持，已經超乎我所能負擔的。當我告訴你，我還沒辦法面對大型的社交場合（大型指的是超過兩個人），請相信我，我知道自己沒辦法面對的。我的直覺是在這樣的恐怖中將自己安全地包緊，這是我現在所需要的；但假如你一直在我旁邊批評，我就不能這麼做。你說我一直很生氣，去你的，我當然很生氣！我的女兒死了！等到你願意安靜地正視傾聽時再回來吧。

還有這個：

我的悲劇不會傳染，你不會染上孩子過世這件事。我知道你不知道該說什麼，連我自己在幾個月以前也不知道。一點建議？不要再說那些名言佳句了。不要用「至少」當開頭，否則你會看到我化身為奇蹟的「悲傷戰士」，對你大談所有悲傷的理論，告訴你庫伯勒－羅斯的理論是如何被誤解，而悲傷根本沒有既定的時間軸或路徑。我們在悲傷中都只能靠自己。我會請你談談我的女兒，因為我深怕她會被遺忘，深怕自己會忘了她。我會提醒你，我可能會流淚或哭泣，但這沒關係，這就是我現在的人生，是我存在和面對的方式。

洛瑞．克魯格，「寫作悲傷」的學生
關於女兒凱特的死

可是我只是想幫忙！

「事出必有因」，多麼可笑、充滿批判、殘忍、化約主義的一句話，對一般人來說已經如此，更況且是痛苦中的人？到底可能有什麼原因？

「他的人生很美好，你很幸運和他一起過了這麼久。要心懷感恩，然後重新出發。」難道只要人生夠美好，結束了就沒關係嗎？

「至少你知道自己可以生育，我連懷孕都沒辦法。」我的嬰孩的死，怎麼又變成你人生的故事了？

「開心點！事情不會真的像你所表達的那麼糟糕。」為什麼路上的陌生人堅持要告訴我，我必須開心一點？

這些是我們對彼此說的話語和做的事，然後堅持自己只是試圖幫忙。

我從悲傷者身上最常得到的回饋，就是他們在悲傷中所受到的對待令人髮指。人們似乎總會對受苦者說出最不體貼、最殘苦的話語：有時是有意的，有些人的本性就殘酷而不體貼。幸運的是，這些人比較容易無視。然而，有些人卻是真心愛你，迫切地想要幫忙。他們所說的話，以及對你的痛苦理解錯誤，都讓人難以面對。

我們知道他們本意良好，可以從他們的表情和聲音感受到，他們是真心想讓一切好轉。正因為做不到，反而讓他們更努力地去嘗試。

但你不能這麼說，不能告訴他們，他們沒幫上忙。這只會讓一切更糟。

保持禮貌

當我說到我們多麼不擅長支持受苦的人時，通常會得到兩種回應：悲傷的人會說：「謝謝你說出來！」悲傷之外的人則說：「我們只是想幫忙！為什麼你要這麼負面？」

反彈是無法避免的：「人們只是好意！」「他們只是想幫忙！」甚至是「你一定是不夠成熟，才沒辦法聽出對方意在言外的支持。」我所收到最憤怒的信函，通常來自盡全力支持所愛者的人，因為他們如此殫精竭慮，我卻說他們做錯了，說他們的用字遣詞很尖酸、傷人、殘忍，即便他們的原意絕非如此。我怎麼可以這麼沒有人性、這麼負面、這麼看不出他們已經盡力了？他們本意良善，我應該開始看到好的一面，並且心懷感恩，不該繼續憤怒刻薄了。

但事實是：我說出了悲傷中很難感受到支持，時常覺得被批判的真相。我說出了我們是如何讓彼此失望。我不害怕說出全世界的悲傷者每天浮現千百萬變的想法。我不害怕大聲說出：「你沒幫上忙。」

我無意表現得很負面，只是說出真相而已。

我們似乎都收到一種不能說出真相的禁令：不只是悲傷的真相，也包含悲傷者在文化中的感受。我們受到訓練，必須保持禮貌，必須微笑點頭地說：「謝謝你為我著想。」雖然在內心深處，我們只想尖叫：「你到底他媽的在想什麼，居然對我說這種話？」

當我為新的社群舉辦寫作課程時，令我震撼的是，總是會有許多人說：「這是我第一次可以這麼坦誠地面對自己的悲傷。其他人都不想聽，要不然就是告訴我，我都做錯了。」

許多悲傷者告訴我，他們不再告訴別人，對方說的話沒有幫助，而是選擇閉口不再說話了。當你因為其他人不喜歡，而不再說出真相，無異於在自己的痛苦上又加入沒有必要的冤枉和委屈。

沒有人喜歡聽到自己做錯了。但假如我們不能說出自己悲傷中的真相，又有什麼意義？如果不能在不受批判的情況下，說出「這沒有幫助」，那麼別人又怎麼會知道我們需要什麼？如果我們什麼都不說，只是微笑點頭並原諒「立意良善」的人，那麼又怎麼會改變？

說出真相卻被駁斥的感覺一向很糟。我不喜歡別人這樣對我，也不願你受到這般對待。對於隨之而來的憤怒，我還沒辦法免疫。

個人來說，我相信神祕主義者所說的「神聖憤怒」，指的是驅使我們說出真相的憤怒。這樣的憤怒會指出所有的不公義和壓抑，不是想讓場面難看，而是因為知道真正的社群應該是什麼模樣。

神聖憤怒指的是說出真相，無論過程中會冒犯到誰。同樣重要的是，目的是為了帶來更多愛與支持、親情與真實的連結。

我之所以花這麼多時間談論沒有幫助的悲傷支持，是因為希望一切都能好轉。我需要讓一切好轉，而你也是，還有上千個將在我們之後進入悲傷世界的人。一切必須好轉，所以我們得開始說出真相。

光是說「他們立意良善」是不夠的。如果想提供安慰的人，依然堅持使用傷人無禮的語言，那是不夠的。

如果有人真的想幫助悲傷中的我們，就應該願意傾聽什麼是沒有幫助的。他們應該要接受因為不知道該說什麼、該怎麼說而感受到的不自在。他們應該敞開心胸地接受回饋。否則，他們就不是真心想提供幫助，只是希望建立樂善好施的形象而已。兩者是有所差別的。

沒有人知道什麼是對的話語，這就是討論和對話的重要性。雖然未必能找到最正確的答案，但這能讓我們做得更好。

誰值得我們的在乎和努力

教育人們悲傷的真實樣貌很重要，但有時你已經沒有心力在乎別人到底懂不懂，有時候放棄解釋反而容易得多，至少是不再對大部分的人花時間。關鍵在於決定誰值得我們花費時間和精力，而誰就算忽略了也不會有影響。一旦確定誰值得我們關注，下一步就是幫助他們來幫你，讓他們不再為你的大腦和內心帶來額外的壓力。

這並不容易。

如果我接下來說的，能幫助你教育生命中充滿善意的好心人，那很好。但假如你沒有足夠的心力，就讓我來吧：利用這一章和下一章（以及附錄的「如何幫助悲傷的朋友」）來幫助你生命中的人理解，就算只有一點也好，讓他們知道活在悲傷中是什麼感受。讓我們一起教育他們。

假設，每個人都會這麼做

有多少次，人們會對你說：「你一定覺得很○○（自行填空）」或「我看到你在這裡排隊，你應該是在想念丈夫吧。我可以從你看著遠方的樣子看出來。」

或是你在幾天、幾個星期後發現，有些人因為你沒有按照預期的方式回應，或是你表現出不願意說話的樣子，而感到很受傷。於此同時，你卻完全不記得自己有見過他們。

或是有些人會開始長篇大論，教你要怎麼做才能修復痛苦，因為他們○○（自行填空）時就是這麼做的。這聽起來多麼駭人啊，竟然有人因為離婚時去跳舞得到幫助，就認為失去孩子之後也應該去跳舞。

我還記得許多悲傷之外的人，會不斷地勸我要找新的對象，如此一來我的人生才能再次美好，而這也會是馬特想要的。他們會一直說下去，想要鼓勵我、幫我解決問題。但這些都是不請自來的，有些時候我根本還沒遇到這些問題。

在悲傷中，有太多局外人會告訴我們，我們的經驗應該是什麼樣子：有什麼意義，感覺怎樣，應該有什麼感受。他們會根據自己的經驗和猜測，來假設我們所面對的掙扎，並且提供他們內心認為最好的支持。他們會認為我們在社交場合的反應（或是不反應）有針對性，卻不願意檢視自己的假設到底有幾分真實。

做出假設很正常，每個人都會如此。在每天的生活中，我們經歷的現實通常和其他人的假設大相逕庭。在悲傷中，假設和實際的鴻溝又更巨大了。誤解的空間太大，悲傷者的心力往往太過有限，沒有餘力來追蹤更正每個誤會。這些都會在悲傷之上，平添許多精疲力竭。

就像在悲傷之外的一般日常一樣，我們生命中的人際範圍很廣，有些人真心相待，有些則冷漠、自我中心或相當陌生。有些人可能一點都不在乎你的痛苦，也不是真心想幫忙，只是想贏得熱心助人的形象而已。創傷和失去可能會引發某些人窺視的慾望，特別是當你的痛苦成了公開的「新聞事件」。

即便是真心的好人，在悲傷面前都會顯得尷尬不適，只是表現出來的方式不同罷了。我們有時會想把所有的人都拒於千里之外，因為沒有人懂，沒有人真的了解。悲傷彷彿將我們帶到另一個星球，或讓我們希望自己可以搬過去。

如果可以將生命中的悲傷用心電感應來傳達，而不需要開口說話，那該有多好。可以讓其他人感受到你每分每秒所背負的，就算只有短短三十秒也好。如此一來，該能化解多少的誤會，阻止多少沒有幫助的「幫助」發生。但心電感應不存在，我們擁有的只有文字、描述，以及不斷嘗試互相理解的過程。

在悲傷中，我們會感到迫切的需求，想要對某人描述自己的感受，或是修正他們的假設，讓他們能用更好的方式支持我們。這是悲傷中額外的殘忍之一。

分享或不分享：該怎麼告訴別人自己的故事？

在馬特過世後的日子，我告訴每個人發生了什麼事。我沒辦法，因為我太輕易也太頻繁地哭泣。人們只要詢問，我就會告訴他們。一陣子以後，我覺得不對勁，給別人這麼多訊息讓我感到脆弱暴露。我對所有的探問感到疲憊，也厭倦了同情的眼神，以及陌生人將手輕輕放在我的手臂上，靠近想探聽更多我的人生細節。

而且說真心話，不是每個人都有資格聽到最私密的細節。你的生命中，是否也有些人沒有資格知道你的悲傷，或你失去的一切呢？我說的是那些沒辦法帶著尊重，優雅處理這些資訊的人。我說的是粗魯面對這些脆弱資訊，大肆侵門踏戶、刺探隱私的人。還有更糟的，是不把這當一回事，嗤之以鼻的人。

有些時候，我們只想低下頭，好好買完日用品、遛個狗，不希望對每個在街上攔住你，問你「你到底好不好？」的人，深談自己的悲傷。

有些人會覺得，自己有義務回答每個關心的問題，無論和發問者真正的關係如何。

如果不提到自己失去的摯愛，很多人會覺得很糟，彷彿避而不談就是抹滅了那個人在生命中佔據的重要位置。因此，迴避不想回答的問題會讓他們感覺相當難受。

就像生命中的其他時刻一樣，我們不需要做任何會威脅自身安全的事：無論是生理或心理都一樣。

假如我們選擇不揭露自己的內在和破碎的心，甚至不想對其他人說起冰冷殘酷的事實，都不代表我們背叛了失去的愛。雖然在對話中迴避生命的深淵，或是在很不好的時候仍回答「我很好，謝謝」，可能會讓我們感覺很怪，但這才是真正的對自己仁慈。

不是每個人都值得聽見我們的悲傷，也不是每個人都有能力面對。就算有人體貼地關心了，也不代表你有義務要回答。

在悲傷中活下去的其中一個部分，就是學著去分辨誰是安全的訴說對象，誰值得我們傾吐。此外，也為了自己去學著分辨什麼是對的分享時機。

謹慎選擇分享的內容和時間也沒關係。我們的悲傷不是打開的書頁，也不需要是。我們分享的時間、地點和對象都會隨著時間改變，有些時候甚至在一天之內就會有所不同，但我們總是有選擇的權力。

在需求改變時仍支持你的，就是值得留在身邊的人。其他人呢？就放手讓他們去吧。

「我的孩子死了。」

「喔老天，真是太難過了。」她輕聲說。她看起來非常抱歉，我相信是真心的。但她並沒有馬上離開，而是問：「孩子是怎麼過世的？」

A和我互看了一眼。這女人是認真的嗎？她期望我們會為了滿足她的好奇心，再重新經歷過去的四十八小時？

我們還是回答了，因為相信我們有這樣的義務，也因為我們相信醫院告訴我們的一切。我們忍受著發生在我們身上和周圍的事，因為除此之外，我們不知道該如何是好。因為我們還在震驚中。因為有誰會對嬰兒死去做好心理準備？

我們的本性太溫和，說不出：「這他媽的和你沒有關係。」所以，我們簡短地告訴她：臍帶的問題。希望她就此打住，希望她快點離開。

燒灼的眼，在Glow in the Woods網站的短文〈牛奶〉

悲傷會改變你的電話簿

這句話聽起來像書呆子才會說的，但悲傷確實會改變我們的電話簿。悲劇發生後，我們會驚訝地發覺有多少人離開了我們的生活。曾經患難與共的人突然失蹤了，或是態度變得厭煩、批判、奇怪。陌生人反而成了最大、最深刻的慰藉來源，就算只有短短的片刻也好。

這是悲傷最痛苦的層面之一：看見有誰無法陪你一起度過。有些人漸行漸遠，然後消失。有些人完全狀況外，或是太過殘酷無情（無論有意無意），讓我們選擇保持距離。

馬特過世以後，我讓一些人退出我的生命，只因為我再也無法忍受他們：突如其來的意外和死亡，往往能將人際關係中最微小的不合放到最大。我也得到了一些新朋友，因為他們的陪伴和愛讓我驚訝，支持著我，幫助我活下去。還有少數的最親愛的密友整段期間都陪著我，從最痛苦的悲傷初期一直到現在。

悲傷的孤單有時難以想像。即使人們再怎麼盡力地陪伴你、給予你愛和支持，都沒辦法真正和你一起悲傷。他們辦不到。雖然感覺很爛，但大多數的時候，你都是一個人面對悲傷。然而，你沒辦法一個人來。

你或許會發現，在這段期間有許多人進出你的生命。有些人在最初幾個星期給了我很大的幫助，然後逐漸淡出，回到自己的生活和需求。他們參與我的生活一段時間，接著我們就對彼此放手。他們終將回到自己的人生，不再受到我的悲傷影響，這雖然讓人難受，但我知道，在那段期間，我是他們最在乎的。善良的人會盡可能地待在我們身邊，雖然我們可能因為他們的離去很痛苦，但並不意味著失敗。

假如你的人生中，有些和你互相關愛的人，因為悲傷而讓關係有些變調，這也沒有關係。

悲傷讓一切都很困難，人際關係也無法倖免。總會有人能夠面對出現裂痕的關係，並且陪我們一起撐下去。而你們共同建造的愛和信任將會充滿韌性，在你倒下時成為接住你的安全網。

但不是每個人都會陪你一起度過，也不是每個人都應該如此。

人生的任何時刻都是如此，但特別是在悲傷之中：我們不應該把時間留給讓我們感到渺小、羞愧或不受支持的關係。這是你的悲傷、你的失去、你的人生。老實說，此刻並不適合修復人際關係，也不適合太繁複的社交禮儀。有時候，人們是否覺得自己在幫助你並不重要，假如他們支持的方式讓你覺得不受重視、充滿批判，或就是不對勁，那麼你沒有必要繼續把他們當成朋友。

假如你的生命中有些人帶來的傷害勝過美好，那麼把他們排除也沒有關係。你的生命此刻已經徹底不同，已經容不下某些人了。

如果有些人沒辦法陪著你做出改變，一起面對不得不的新人生，那麼向他們道別也沒關係，向你們共享的友誼道別，放手讓他們離開。這不是他們的錯，也不是你的，只是悲傷的一部分。有時，愛最好的形式，就是讓人離開。

> 受到創傷的人會在人際關係的情境中復原：家人、所愛的人、匿名聚會、退伍軍人組織、宗教社群，或專業的治療師。人際關係所扮演的角色，是提供生理和心理的安全，包含不受到羞辱、排除或批判，以及產生勇氣去忍受、面對、接受發生的一切。
>
> 貝塞爾・范德寇，《心靈的傷，身體會記住》

遠離瘋狂：如何停止關於悲傷的爭論

當身處極大的痛苦時，讓某些人遠離自己真的是一種仁慈。然而，如果是我們沒辦法切割的人呢？假如重要的人沒辦法給你任何支持該怎麼辦？如果他們堅持要你振作，不斷檢查你到底看開了沒？面對家庭成員，或是社群的成員，我們沒辦法總是掉頭就走。

有位電子報的讀者向我提了一個問題：「我該如何面對認為我早該『走出去』的人？我的未婚夫過世已經快兩年了，我該怎麼讓他們知道，就算我還沒走出悲傷，也沒有關係？」

雖然這只是一位讀者的提問，但我知道很多人都面對這樣的問題。許多人期望我們走出悲傷，就算現在還沒辦法，也是越快越好。他們完全無法了解我們的感受，活在這樣悲傷中的感受。他們希望「以前的」我們回來，卻不了解我們已經回不去了。過去的自己已經消失了。

我們會忍不住想要爭辯，或是爭取自己悲傷的權利。

但事實是，無論我們說了什麼，無論我們多麼努力想教育對方，他們都不可能會了解。雖然口頭上打擊對方（或是溫和地辯倒對方）很吸引人，但你說的一切都不會真的進到對方心裡去。

所以我們能怎麼辦？

有時候，不再試著解釋什麼，反而會讓我們的大腦和內心都輕鬆一些。拒絕為自己的悲傷解釋或抗辯，並不代表我們就要默許其他人的做法，讓他們繼續對你下指導棋。我要說的是，應該要遠離特定的爭辯，例如說拒絕再和別人辯論自己持續的悲傷是否有道理。

在無法理解你的人面前為自己辯解，充其量只是浪費自己的時間和真心而已。

重要的是，請記得你的悲傷和愛一樣，都屬於你。沒有人有權力幫你的人生做決定，或是批判看輕你的選擇。

然而，就算沒有權力，不代表他們就不會這麼做。這意味著，假如我們想要不再受到批判的影響，就應該劃清界線，讓他們清楚認識到，你的悲傷不是開放辯論的主題。

試試這個 退一步

說的永遠比做的簡單，但有些步驟能幫助我們從辯論中抽身：

1. 清楚並冷靜地回應對方的關心
2. 劃清自己的界限
3. 將對話重新導向

持續運用這三個步驟，就能顯著地減少我們所聽到的批判。下面這個例子，可以幫助我們了解在具體對話中該怎麼做：

首先，假設對方的善意，並回應對方的關注：「我很感激你對我的人生感興趣。」

第二，劃清界線：「我會依照自己覺得正確的方式活下去，而我無意與你討論。」

第一步和第二步，回應關係和劃清界線，時常可以合併成一句：「我很感激你對我的人生感興趣。我會依照自己覺得正確的方式活下去，而我無意與你討論。」

如果再加上第三步，通常就會達到不錯的成效。將對話重新導向，也就是轉移話題：「我會很樂意和你談其他事，但這件事我不想多提。」

我知道這樣聽起來很生硬，但用字精確，傳達的訊息也很清楚：你有清楚的界線，不會讓任何人用任何方式越界。

假如你身邊有人不願意尊重你的界線，甚至想進一步爭論時，你可以堅持一句話：「這個主題我不予置評。」然後將對話轉移到別的方向。

假如對方依然不願意，那不妨就別再講下去了。轉身走開，或說再見之後就把電話掛上。

重要的是，不要讓自己被捲入爭辯中。你的悲傷不是場爭執，也不需要抗辯。

一開始可能會有點尷尬，但隨著練習，劃清界線和轉移話題會越來越容易。

最終，你身邊的人會接收到你的意思，了解你並不想看開，也不想討論；如果無法接受的，就會自己離開。即使看似難以動搖的存在，有時也會受到情勢影響，而漸漸遠去。

事實是，悲傷一定會讓你的人際關係發生改變。有些人會撐過去，有些人則會離開。有些你以為會永遠陪著的人，卻完全失蹤；有些原本比較疏遠的人，卻會走上前來，用你預期之外的方式支持著你。

如果身邊的人能夠支持你，甚至欣賞你坦誠面對自己的真心，那麼他們就能陪你走下去。如果他們做不到，就讓他們優雅地、明確地、帶著愛地，離開。

14 組織你的支持小組：幫他們幫助你

我們的朋友、家人、治療師、書本和整個文化，如果能幫助我們背負痛苦，代表發揮了最大的效用、仁慈和愛；如果一味試圖修復沒有破碎的事物，則恰好相反。

大部分的人都想幫忙，只是不知道該怎麼做。

在人們理想的，和他們實際提供的支持之間，存在著一道鴻溝。說實話，這不是誰的錯。唯一消弭鴻溝的方式，就是讓別人知道什麼會有幫助，什麼沒有，以及該如何改善照顧彼此的技巧。

即便悲傷無法修復，也不代表支持小組就無事可做。仍有具體、實際的方式能支持悲傷中的人，只是需要一些練習，並願意用新的方式去愛彼此。

將焦點從修復悲傷轉移到提供悲傷中的支持，家人和朋友反而更能對你表現出他們原意的愛，雖然不能挽回已經發生的事，卻可以讓你好過一點。

我希望你能將這本書交給想要幫助你的朋友或家人，希望你讓他們閱讀這一章的引導和建議，所以你就不用再耗費額外的精力來解釋自己的需求。這些工具將幫助他們學習如何在一切中愛你，如何在痛苦時陪伴你，而不要試著讓你強打起精神來。

和其他章節相比，這個章節的對象著重在你的支持小組，而非你本人。

當我朋友克莉絲的幼子過世時，我告訴她，我的治療師都要小組成員「像大象一樣」，聚在受傷的成員身邊。我知道自己沒辦法真的幫她面對悲傷，但我可以陪在她身邊，一開始只是坐在她旁邊而已，後來則是在電話上傾聽。她告訴朋友大象的事，於是人們開始送她大象的小禮物和卡片，告訴他：「有我們在。」讓你的大象聚在一起吧，親愛的，我們都在。

葛羅莉亞．芬恩，作者的朋友

摘自一段私人訊息

將悲傷視為需要支持的經驗，而非待解決的問題

假如面對其他人的悲傷，會讓你感到挫折無助，這其實很正常。面對自己或所愛者的巨大痛苦卻不知所措並不是你的錯。我們的悲傷模式充滿缺陷。

我們西方的醫藥學認為死亡代表失敗，心理學也認為超出「快樂」基準線的都代表不正常。疾病、難過、痛苦、死亡、悲傷，這些都被視為需要解決的問題。如果這些模式呈現的都是錯誤的方式，我們又怎麼可能知道如何面對悲傷？

悲傷不是問題，不需要去解決。

如果將悲傷視為需要支持而非解決的經驗，就能改變一切。

這個改變聽起來微不足道，只是改了幾個字而已。但想想宇宙旅行吧：地面上只有兩度的差異，穿過上千英里的空間後就天差地遠了。我們接近悲傷的立足點會影響一切：可能會讓我們得到自己真正希望的（愛與支持生命中的人），也可能使我們大幅偏離原本的目標。

讓我舉個例子來說明。假如你認為悲傷是個問題，就會提供解決方式：你

應該丟掉她的衣服。他已經到更好的地方了，所以試著快樂起來。你不能只是坐著沉浸在悲傷中，他們可不希望這樣。或許你應該更常出去走走。

你會鼓勵你悲傷中的親人朋友接受你的建議，因為你希望紓解他們的痛苦：他們遇到問題，而你盡全力想要解決。你會感到挫折，因為你的好友似乎很抗拒，不想接受你的建議。

你越想幫忙（或說解決問題），他們就越反彈。很顯然，他們根本不想好起來。

另一方面，悲傷的人知道自己的悲傷並不是可以修復的，也知道他們沒有錯，沒有什麼「問題」要解決。別人越是嘗試修好悲傷，他們就越感到挫折（和抗拒），因為他們需要的不是解決，而是支持。支持他們面對發生的一切，背負必須背負的一切。

悲傷的人往往要花費大量的精力來維護自己的悲傷，而感受不到其他人的支持。提供支持的人則覺得不被需要、不被接受，全然無助。這樣不是辦法。

無論立意再怎麼良善，只要試圖修復悲傷，結果通常不會太好。這或許教人難以接受，但如果真心想要支持和幫忙，就必須改變想法，不要再把悲傷視為待解決的問題了。

當我們把悲傷想成需要愛、支持和正視的經驗，才能真正開始討論什麼會帶來幫助。當我們的出發點相同，我們的話語和行動才能真正帶來支持和幫助。

好消息是，還是有些技巧是我們可以利用的。雖然支持的模式種類並不多，但不代表沒有。有些事是我們可以做的：不要試圖讓朋友的悲傷消失，而是讓他們在悲傷中感受到陪伴和愛。

新的模式和參考範例

我們在這一章中談論了許多層面。首先，我要謝謝你願意出現、願意幫忙和悲傷的人在一起可能相當困難。一切都不容易，要聽到自己的善意帶來反效果，有時真的令人難受。雖然我們說了這麼多，但請記住，只要願意支持、願意努力去給予悲傷中的人愛，就已經是做了好事。

我花了許多時間討論，我們為何無法帶給悲傷者真正的支持，但光是點出錯誤是不夠的。為了要一起前進，我們必須先創造出悲傷支持的新圖像，作為我們努力的目標。

當骨頭斷裂時，需要打上石膏支撐來幫助復原，需要外在的支持才能進行精密複雜的重生過程。我們的任務，就是成為心碎好友的支架，不是帶來真正的治療，不是提供各種鼓勵，說一切都會變好，也不是給予建議，說骨頭怎樣才能再次完整。我們的任務很簡單，就是陪伴而已，讓自己包覆在破碎的傷口之外。

如果選擇接受，我們的工作就是正視悲傷這美麗而痛苦的事，並抗拒人類想要加以修復的衝動。

而這很困難。

學習見證

即便擁有許多知識，自己也有所經歷，更聽了學生一遍又一遍的分享，我仍發現自己會想用安慰的話語面對他人的痛苦。陳腔濫調的名言佳句和空洞的安慰，例如「至少你帶給他美好的人生」，或是「這一切都會過去」，還是不時浮現在我腦中。

即便知道悲傷的真實樣貌，以及什麼會有幫助，我仍會想讓對方好起來。我們都有這樣的助人衝動，看到別人受苦，就希望能讓痛苦停止。當我們看到痛苦，就會想插手干預。我們迫切渴望一切都沒事，這種愛與安撫的衝動是人性，是生而為人的一部分。

我們不希望看到所愛的人深陷痛苦。

當我希望你採取不同的反應時，不是要你壓抑消除他人痛苦的衝動，因為那是不可能的。我只希望你能注意到自己想讓事情好轉的衝動，然後不要急著反應。在提供支持、引導或鼓勵之前，先暫停一下。

利用暫停的時間，好好決定最好的行動是什麼。承認對方真實的痛苦，往往比試著修復還要好上許多。看見和傾聽才是對方最需要的。你的朋友需要被聽見嗎？他們希望自己的痛苦被正視，被反映嗎？

這樣似乎有點違背直覺，但真正幫助痛苦的人的方式，是讓他們擁有痛苦，讓他們分享痛苦最真實的樣貌，而不是急著跳出來收拾一切，或設法讓痛苦消失。在幫忙的衝動和實際行動之前暫停一下，將能幫助我們更有技巧地帶著愛面對痛苦。暫停會讓我們記起，我們的角色是見證者，而不是解決問題的人。

有點尷尬也沒關係

要說出「這糟透了，我什麼也做不了，但我在這裡，我很愛你」，比起標準的安慰話語要困難的多。雖然困難，卻有用的多，而且代表了更多的愛與仁慈。我們不能透過試圖帶走痛苦，而真的治癒其他人的痛苦。但看見和傾聽對方的痛苦，就會帶來舒緩。當我們能說出真相時，一切就會變得緩和一些。

在〈陪伴的禮物及建議的危險〉這篇文章中，教育學家帕克．帕瑪寫道：「人類的靈魂並不想受到建議、修正或拯救，只是想被見證：想讓真實的樣貌被看見、聽見和陪伴。但我們如此尊重痛苦的靈魂，就能為對方提供治療的資源。這是唯一能幫助受苦者撐過去的資源。」

就像神祕主義者會說的，我們都是「見證之雲」的一部分。面對無法修復的痛苦，無論是我們自己、他人或整個世界的，我們的任務就是去見證，去看見和傾聽活著的痛苦。去正視生命帶給我們的。

支持小組的角色就是在這樣的痛苦中看見、傾聽和陪伴，不要試著讓一切好轉。這需要比較高階的技巧，有時施行起來並不容易。但概念很簡單：出現，傾聽，不要修復。

有時候，我們在學習新的技巧時會顯得笨拙。這沒有關係。悲傷的人會寧願我們笨拙地嘗試著傾聽，也不願我們自信地假定一切都沒有看起來那麼糟糕。

我們並不能改變痛苦，但可以改變傾聽和回應的方式。當痛苦存在時，就讓它存在。去看見和傾聽，讓其他人可以安心說出「好痛苦」，而不是急著去解決一切。給彼此一些空間吧。

身為支持者，在痛苦中提供陪伴就是我們的任務。對於無法修復的事物，不要提供解決的方式，就算不能讓一切好起來，但至少可以帶來一些好轉。

如何成為能理解的人？

要去愛痛苦中的人真的很難，我知道。

如果可以有個代碼或是警徽什麼的，能夠警告人們支持受苦者的困難，以及常見的雙輸結局，應該會挺酷的。馬特剛過世不久時，我總希望有個按鈕對我說：「請原諒我的舉止，我的伴侶才剛過世，我沒辦法控制。」

如果每個人都附有照護指南該有多好：當我難過時，請這麼做。如果我這麼做或這麼說，你就知道該退開了。不幸的是（或者該說幸運的是），我們都不會讀心術，只能靠著練習關注和敞開的溝通，在人生的各種關係中學習傾聽。

就像其他的技巧一樣，見證痛苦會隨著練習而變得比較容易，而如何提供比較好的回應也會越來越直覺。一開始的笨拙和脆弱，雖然永遠不會變得輕而易舉，最終可能會容易許多。

這些是我們終其一生會需要的技巧。我們的一生總會經歷和見證許多痛苦，從比較輕微的壓力到巨大的變故都有，悲傷隨處可見。

我們都必須學習如何見證痛苦。假如你在生命中其他領域已經表現很好，不妨從朋友的悲傷中學習吧。要見證的痛苦越強烈，想要試著除去痛苦的衝動也會越強烈。不要輕舉妄動。看見痛苦而畏縮也沒關係，但請不要轉身而去，也不要請痛苦中的人轉過頭去。

大道理說夠了，我們需要的技巧是什麼？

深入探討悲傷中的陪伴固然很重要，但於此同時，我們也需要一種在面對他人的痛苦時，可以採取具體實際的行動。畢竟，我們不能只是站著散發出愛的光輝（我的意思是，那樣很好，但畢竟還有其他事要做）。

出現，然後說點什麼

悲傷者和支持小組的互動就像一段複雜的舞蹈：大部分的人都想要給予支

持，但又不想太過打擾；或者因為害怕讓事情更糟，所以選擇什麼都不說。為了避免讓彼此的連結出問題，所以寧願保持距離。

在《衛報》的一篇文章裡，作家吉爾斯．弗雷瑟將這種現象稱為「雙重孤單」。除了失去所愛的人，悲傷者也失去了身邊的人的連結和支持。因為害怕讓事情更糟，在我們最需要的時候，人們卻選擇消失，或陷入沉默。

我會告訴我的朋友，他們沒有任何贏面。假如太常打電話關心，我會覺得喘不過氣；如果不夠頻繁，就是忽略了我。假如在超市相遇卻什麼也沒說，我會覺得自己像隱形了；如果他們想和我談談我的感受，我卻會覺得隱私受到侵犯。

彼此照顧很困難，有時甚至會一團混亂。

但重要的是，請記得悲傷者不需要我們表現得完美。如果不知道怎麼開始對話，這麼說也沒關係：「我不知道該說什麼，而且我知道自己沒辦法讓事情好起來。」或是：「我想要給你空間和隱私，但也很擔心你，想知道你好不好。」表達自己的不自在以後，反而能讓我們的出現和陪伴自在一點。試圖掩飾只會讓事情更糟。從悲傷者的角度來看，能待在就算不自在也願意出現的人身邊，就已經是很大的安慰了。

假如不確定該不該說點什麼，不妨開口詢問吧，就算犯錯也沒關係。你的努力會被注意到，也會被感激在心。

應該和不該：簡單的檢核表

通常，在我談到見證和陪伴時，人們的回應常是：「嗯，好，我做得到。但有什麼我無論如何都要避免的嗎？」

我知道你會想要一張指引的路線圖。我們都喜歡具體的步驟，特別是面對像支持悲傷者這麼抽象而艱鉅的任務時。附錄裡有一篇文章，概括了該如何真正幫助悲傷者的方式，你可以參考看看。而這裡也列了一些重點：

★ **不應該比較悲傷**。

每個人在一生中都會經歷悲傷，但沒有人經歷過一樣的悲傷。雖然我們會想提供自己的悲傷經驗，讓對方知道我們都懂，但我們並不懂，也不可能會懂。所以就算經驗極度相似，也請抗拒用自身經驗建立連結的衝動。

★應該這麼做：

詢問對方的經歷。我們可以透過對於對方的經歷展現好奇心來建立連結。假如有過類似的經驗，可以讓對方知道我們也體驗過悲傷讓人難以承受的異於常態。但只要提出自己的一般性認知就好，因為我們不會了解對方所走的道路。

不應該檢核事實，也不該糾正。特別是在悲傷初期，悲傷者的時間感和腦內的記憶可能會有些混亂不清。他們可能會搞錯日期，或是記得的和真正發生的不一樣。我們或許會對於事情的關係和經過有不同的看法，但請抗拒挑戰或糾正對方的衝動。

★應該這麼做：

讓他們擁有自己的經歷。誰比較「正確」並不重要。

不應該壓抑。我們或許會認為朋友的悲傷和實際的狀況不成比例，所以會想要糾正他們的看法，讓他們更「實際」一點。

★ **應該這麼做：**

記得，悲傷屬於悲傷者。我們對他們悲傷的看法一點也不重要。悲傷者才能決定自己要感覺多糟，就像我們才有資格為自己的人生做決定一樣。

不應該讚美。當所愛的人陷入悲傷時，我們不需要提醒他們，他們有多聰明、美麗、能幹或善良。不用告訴他們，他們多麼堅強或勇敢。悲傷並不是失去信心。

★ **應該這麼做：**

記得你所愛的和欣賞的特質，能幫助他們度過這段時間。提醒他們，你會一直在他們身邊，如果悲傷太過沉重，他們總是可以倚靠你。讓他們放心地感覺一團糟，不必覺得自己得在你面前裝出勇敢的樣子。

不應該當個啦啦隊。當一切陷入黑暗時，感覺黑暗也沒關係。並非每個轉角都需要鼓勵和亮光。同樣的道理，不要鼓勵悲傷者對依然擁有的美好事物心懷感激。好的事和壞的事會同時存在，而不會互相抵消。

★ **應該這麼做：**

將對方的現實反映回去。當他們說：「一切糟透了。」可以回答：「沒錯，真的糟透了。」如此的效果將令人驚奇。

★ **不應該討論「將來」**。

當所愛的人陷入痛苦時，我們會想要談論未來將會多麼美好。然而，在那個當下，未來感覺一點也不重要。

★ **應該這麼做：**

留在當下，或者，假如對方想談論過去，就陪伴他們吧。讓他們自己選擇。

★ **不應該鼓吹什麼（一）**。

「你應該去跳舞，跳舞幫我很多。」「你試過用精油來提神嗎？」「退黑激素會幫我入眠，你應該試試。」當你發現某些事物對你帶來幫助時，總會想要推己及人。不幸的是，除非對方特別問你建議或資訊，否則老實說，你的熱情只會造成冒犯，給人高高在上的感覺。

★應該這麼做：

相信對方有足夠的智慧和經驗，能好好照顧自己。如果他們睡不好，應該會和醫療人員談談，或是自己上網搜尋資料。假如你看見他們痛苦掙扎，可以詢問他們，是否願意聽聽過去曾經幫助過你的方式。

★不應該一直提出解決的方式（鼓吹二）。

其實不只是悲傷，面對任何事時，在給予建議或推薦策略之前，都應該先取得同意。大多數的情況，人們都只是需要被傾聽，希望自己的痛苦和挑戰被看見而已。

★應該這麼做：

取得同意。在給予建議或推薦策略之前，或許可以借用我的好友和同事凱特・麥康布的問句：「你現在需要同理心，或是希望得到建議？」尊重對方的答案。

關於該做和不該做，或許還有上百萬個重點可以討論，但這份檢核表會是好的開始。並不是所有的「不應該」都是爛方法，只是效果不會太好而已。如果你的目標是支持好友，就應該選擇最可能幫助你達成目標的方式。

為什麼我已經做了應該做的，卻還是沒有幫助？

有件重要的事我們必須知道：有時候，就算我們把每件事都做對了，好友可能還是會拒絕回覆我們的訊息、參與我們的派對，或是完全沒有表現出我們的悉心照護對他帶來絲毫的幫助。

要記得，「幫助」的證據並不在於減輕痛苦，而在於讓對方在悲傷中感受到傾聽和支持。但即便我們的本意是提供支持，對方也不見得就有相同的感受。

我們的本意很重要，但悲傷者的感受才是決定是否有幫助的關鍵。

許久以前，我曾經是性暴力覺醒的教育者，時常會提及性騷擾的定義。馬特過世的幾年後，我和擔任編輯的朋友聊天時，談到該如何描述支持者的本意和悲傷者的感受之間的落差。我提到性騷擾和悲傷支持的相似之處，讓我的朋友有些抓狂：「你不能告訴試著幫忙的人，他們和性騷擾的人沒什麼兩樣！」

我當然不是這個意思！性騷擾是完全不同的事。但我要說的是，這兩者的確有所相關：事實是由接收者的感受來決定，而並非施予者的本意。結果決定一切。你不需要認同悲傷者對你所言所行的感受，但你必須尊重對方。

即便你的本意是好的，也不代表你的朋友就要這麼接受。檢查很重要，檢查事情進展得如何是一種仁慈的展現，長時間下來，能夠幫助一切好轉。

要記得，我們的目標是提供真正的幫助和支持。這意味著，有時得放棄自己覺得有幫助的方式，而真心對朋友的需求感到好奇，並且做出回應。

不是針對你（別被自己的愛與關心沖昏頭！）

老實說，我覺得在悲傷支持這一方面，教育真正的無知者要比教育真誠的人容易多了。如果有些局外人遞給我一張名言佳句的小卡，或是輕蔑地評論我的悲傷，我可以直接糾正他們，一點問題也沒有。然而，如果是愛我的人這麼做了，因為他們真心想要幫助我和陪伴我，就讓我難以承受。我沒辦法糾正他們的假設或建議，他們的關注有時令我精疲力竭。在悲傷初期，有時你所愛的人就是沒有足夠的心力，再為你們的友誼，甚至是為他們自己，用你過去熟悉的方式做點什麼了。就像我不斷重複的，悲傷非常困難，沒有人是贏家。

我剛才提到，你應該問朋友問題，關心他們的感受，也記得檢視自己的行動給對方的感受，以及是否符合對方的需要。然而，有時候你越積極地展現支持，詢問他們的回饋讓自己能更有幫助，反而越容易受到拒絕。

其間的拿捏很困難，讓我舉個例子吧：馬特過世以前，我有一些很棒的朋友。他們的情緒很成熟，總是給我許多回饋。然而，在我的悲傷初期，我們的互動總是讓我精疲力竭，因為他們一直想知道可以怎麼幫我。他們會詢問，再詢問，又詢問：該怎麼傾聽最好？該怎麼陪伴我？該怎麼關心詢問？該怎麼給予空間？不斷告訴他們該怎麼照顧我，帶來的壓力已經讓我難以承受，讓我想要逃避。我真的沒有多餘的心力來表達自己的需求。被反覆的詢問，必須提供回饋和建議，讓我體力透支。有些時候，我會想逃避這些生命中最美好的人們。

這麼想吧：悲傷的人會說一種語言，全世界只有另一個人聽得懂，而那個人已經死了。我們會很想請悲傷的人教我們這語言，讓我們能和他溝通。無論我們多麼想和他對話，將失去的一切還給他，悲傷的人都沒辦法教我們這種語言。在痛苦中教會你句法、文法和單字，讓他可以再次回到安靜的狀態，這是不可能的。悲傷的人做不到，沒辦法使用他們心智中教學和提供回饋的區塊。

某種角度來說，我要求你做的是兩件彼此衝突的事：靠近和退後。回應你的朋友，關心並照顧他們的需求；於此同時，不要要求他們做更多。觀察他們的反應，但在悲傷初期，請不要期待（也別要求）對方展現出平常的人際或情緒能力，因為他們辦不到。請悲傷的人教你該如何幫他們，已經超出了他們的能力範圍。

應該要由悲傷的人提出「什麼是沒有幫助的」，但他們通常不會這麼做；

應該要由他們開口尋求「自己需要的」，但他們通常不會這麼做。因此，參考你過去對他們的了解，想想他們在悲傷降臨前的模樣，用這些作為你幫助他們的引導吧。

不要放棄。

悲傷者想讓你知道的是：我們愛你。即便我們的人生陷入黑暗，你似乎無法觸及，但我們仍然愛你。請留下來。

有些人能正視悲傷的真相，而不會發表太多評論，和他們相處會帶來很大的釋放，因為他們能接受發生的任何事，例如在幾分鐘之內，從瘋狂大笑到無法克制地放聲哭泣。我們所能給的最好的，就是平靜和穩定的陪伴。

你或許無法做得很完美，但悲傷者也不會這麼期待。你唯一能做的，就是以更多的愛為目標。

對於你曾經付出的，以及你的嘗試，我們心懷感激，謝謝你。

如果想知道更多支持悲傷者的訊息，請參考附錄的「如何幫助悲傷的朋友」。

IV

前進的

道路

FORWARD

15 悲傷後的社群：陪伴、真實的希望，以及前進的道路

陪伴、反思、連結都是在悲傷中存活下來的關鍵。正如我在一開始說的，依附能幫助我們活下來，我們需要彼此。悲傷本身就是孤單的經驗，會重寫我們的電話簿：我們原本以為會一直陪我們的人卻突然消失，或是因為反應太差，而讓我們選擇切割。即使是真心愛你的人，也真心想待在你身邊，卻未必能做得到。你或許會覺得，整個世界都和逝者一起離你而去。許多悲傷的人則覺得自己身在另一個星球，或是想搬過去，搬到和他們相似的人身邊，那才是能了解他們的人。

我們需要有一個地方，可以訴說痛苦和艱難的現實，可以分享到底發生了什麼事，而不會有人試圖糾正或說服我們什麼。或許有些家人和朋友能做得不錯，但我發現，悲傷者的社群才是最能互相理解的。

我和朋友伊利亞認識許多年了。我們一開始是在網路上相遇，一直到結為朋友許久之後，才終於真的見面。那年夏天，她騎車穿越奧勒岡州，所以我們決定在西塞德見個面。到目的地以後，我發現那裏有成千上百個人川流不息，而我感受到一陣焦慮：「我該怎麼在這麼多人中認出她？我只看過她的照片，又不能隨便走到別人身邊，說『不好意思，你認識我嗎？』」然而，我接著浮現一個想法：是啊，她會和兒子瓦蘇一起來，只要找他就好了。我的意思是，我到哪都能認出那個孩子，所以找他就好了。

花了幾秒鐘，我才想起：瓦蘇已經過世了。他和馬特是同一年過世的，我們從沒機會認識。我唯一會和伊利亞成為好友的理由，就是因為她的兒子死了。事實上，我認識生命中許多人的理由，都是因為某人過世了。

這些人是幫助我活下去的理由。

如今，我生命中的許多美好都來自悲傷者的社群，這是失去真正能帶來的少數祝福之一。我們每個人都願意心甘情願地用這個社群，來挽回我們失去的人生，而我們也能毫不避諱地這麼說。雖然這樣的人生並不是我們想要的，但在悲傷者的社群中，我們都感受到強烈的愛與保護，也尊重正視每個相遇的人。

我的心依然破碎，但卻緩慢地癒合，緩慢地用它所能的方式治癒。當然，黑洞永遠存在，可能也會有其他深刻痛苦的痕跡，而且再也不會回到原本的樣子。它同時變得更堅強也更脆弱，更敞開也更封閉。

我們的失去不同，但我願意看見你的。我聽見你訴說的，也感受到你的痛苦，因為痛苦都追溯到相同的根源。我看見你的痛苦，因為我曾經感受過自己的。我們的故事不同，我們思念的人和關係也不同，但我希望你知道，我明白你的失去是真實的。

最重要的是，我希望你感受到自己的失去被承認，被接受。

我聽見你訴說的。

我向你致敬。

葛蕾斯，「寫作悲傷」的學生
關於兄弟去世以後所找到的社群

孤單，同伴

我幾乎每一天的每一刻，都在寫作或談論悲傷。我寫下的內容、舉辦的工作坊和課程，都是希望能給予痛苦中的人一些安慰。分享了自己的悲傷和學員的經歷，我能告訴你，你並不孤單。

但這句話其實並不精確，特別是在悲傷初期。假如劇變剛使你的人生天翻地覆，你會常聽到有人說：「你並不孤單。」但這不全然是真的。

無論有多少人答應陪在你的身邊，無論他們的陪伴多麼適當，沒有人能和你「一起」悲傷。沒人能真的進入你的大腦和內心，在那裏陪著你。這不只是文字遊戲而已。

我們在悲傷中都是孤單的，唯有自己能知道悲傷如何盤據在內心，唯有自己知道關於發生和失去的一切所有的細節，唯有自己才知道生命發生了多麼深遠的改變。只有我們自己必須面對，在我們的心中，沒有人能陪我們一起。

即便有人的失去和你相近，你依然是孤單的。

在悲傷者的世界裡，有個故事很有名，叫「貝都因的羚羊」，你也可以在萬神殿出版社的阿拉伯傳說裡找到其中一個版本。故事裡，有個男人發現他的幼子死了。為了不讓妻子受到太大的打擊，男人將兒子包裹在披風中，告訴妻子他獵到一隻羚羊。為了要烹煮羚羊，她得到從來沒有經歷過悲傷的家庭借一口鍋子。妻子在聚落內挨家挨戶地拜訪，想要借鍋子，但每個家庭都和她分享了他們經歷過的悲傷和失去。

妻子空手回到家，說道：「沒有任何一口鍋子從未煮過悲傷的一餐。」男人把斗篷打開，露出兒子的屍體，說道：「現在是我們烹煮悲傷的一餐的時候了，因為這是我的羚羊。」

這個故事其中一個寓意，就是每個人都會經歷悲傷。無論是這個傳說，或是佛教芥子的預言，或是你所找到的其他故事，都有個共通的涵義：每個人都會悲傷。

沒有任何一個家庭、任何一段人生，是沒有痛苦的。

我不是很喜歡這個解釋方式，因為這隱含了下半句話：每個人都會悲傷，因此，你的悲傷並不特別。換句話說：閉嘴。你不會因為身陷痛苦而受到照顧，因為每個人都很痛苦。只因為你不是唯一經歷過失去的人，就代表你沒有權力如此深刻地感到悲傷。只因為別人也有過類似的感受，就要求你貶抑自己的痛苦。

然而，故事還有另一種解釋。

當女子挨家挨戶地走動時，她還不知道在家中等待的悲傷，而是認識了其他人的痛苦。她預先知道了有哪些家庭，面對過她即將要面對的失去。雖然本人並不知道，但她已經預先為支持小組建立了根基。

挨家挨戶的拜訪讓她事先準備好面對，在她的耳邊低語：認識他們，了解他們。你會在悲傷中感到孤單，而且是極度孤獨。這些人會很清楚那是什麼意思。

其他人也經歷過痛苦，有些痛苦甚至和你的類似。但這不是悲傷的解決方式，只是為你指出能夠了解的人，讓你能認識你的群體。也告訴你，誰能夠聽見你的痛苦，站在你的身旁，傾聽並見證一切。

在西賽德的那一天，我預期看見伊利亞的兒子，因為身為群體的一部分，她的兒子對我而言真實存在。他是如此真實，因為我聽了伊利亞的故事，因為故事中同時存在著愛和悲傷，讓我透過這兩種感情認識他。瓦蘇真實存在，不只是因為我看過他活著時快樂的照片，也因為他的母親分享了每一張照片背後的故事。在好友的臉上，我看見每個不眠的夜晚，看見瓦蘇像他母親描述的那樣，「已經不再是個男孩，而被腫瘤所侵蝕」。我看見死亡接近又離開的日子，以及死亡留下痕跡的那一天。我看見悲傷在她身上留下的刻痕，每一步都籠罩著陰影。我在她身上看見愛和絕望交纏，她也在我身上看見一樣的景象。我們傾聽彼此訴說的，很痛苦，但我們接受了對方的痛苦和愛，兩者都是。

而這是最重要的，悲傷的社群會接受一切。我們知道自己是孤單的，但並非全然寂寞。我們會互相傾聽，雖然修復不了任何事，但卻會為彼此帶來一些改變。

悲傷需要人際的連結來治療。

保琳・博斯教授

親情和認同

如果能找到和我們經歷過類似的深沉痛苦的人，就能讓我們知道，他們了解我們有多孤單。找到和我們相似的人，會讓我們知道自己所經歷的很正常，雖然或許令我們難以理解。找到同樣身處悲傷的人，也會讓我們更加肯定一個噩夢：有些事就是不會「好起來」。

這乍聽之下或許和帶來幫助完全相反，但對於經歷最深刻失去的人來說，如果有其他人能看見自己的痛苦，反而是一種拯救。如果有人能看著我們，然後真正地看見和認同我們生命最核心的苦痛，就能帶來一些改變和幫助。這或許是唯一有幫助的。

在失去中得到陪伴，或許不是「復原」的指標，但無疑是存活的徵象。我們或許可以靠著自己活下去，但假如有更多悲傷的同伴陪我們一起走，一切都會容易許多。

”

死亡會創造出家庭
我向前踏入圓圈中
身邊有母親、父親、女兒、兒子和伴侶
眼中永遠噙著淚水
想要一路跑回過去
想要逃跑
但留在原地
我和神聖的哀悼者手挽著手
因為無法逃離痛苦，所以迎頭面對
在愛和光明中緊握彼此
有時會踉蹌跌撞，再互相扶持
我們一直往前，不知道原因
也不知道目的地
月光下出現流星群
我們一起走了一段

凱西．湯瑪斯．羅森，「寫作悲傷」的學生
關於丈夫賽斯的死

悲傷後的社群

外界的人或許會擔心，我們花了太多時間沉浸在悲傷的部落格，或是閱讀太多悲傷的書籍，和太多經歷過相似失去的人談話。這很荒謬。我們都會在關係中尋找相似之處，並且自然而然地接近分享重要事物的人，可能是興趣、嗜好或背景。我們的人生會圍繞著這些共通點發展。

因此，我們會理所當然地尋找同樣經歷過悲傷的人。一位心理治療師寫道，在深刻的失去以後，世界會分成兩半，一半是了解的，一半則否。在我們和外界之間，會出現巨大的裂口。或許不會永遠分隔，但至少現在如此，因此我們會需要自己的社群。

我曾經不喜歡「社群」這個詞，這是新世代的網路用語，我向來對這些事沒什麼好感。然而，當自己親身經歷過，找到自己的同類，創造出幫助我們找到彼此的地方。在那之後，我無法再反駁這個說法。我們就是個社群，是「事發後」的社群，在死亡之後，失去之後，就算其他人都已離開，其他悲傷的夥伴仍會留下來。

如今，要找到夥伴比初喪偶時容易。當時，我幾乎什麼也沒有，大部分的網路資源都假定，既然我失去伴侶，代表我應該已經超過七十歲。也有少數幾個幫助意外失去配偶的年輕人，但大都宗教意味太過濃厚，或是試圖用彩虹和美好結局來掩蓋永遠無法治癒的傷痛。早在馬特過世以前，陳腔濫調和過度簡化的說法就讓我無法苟同，事發之後更是難以忍受。我喜愛藝術和自我反省，也喜歡埋首書堆，時常覺得在小鎮以外的廣大世界中格格不入。馬特過世以後呢？我覺得再也沒有容身之處。

當時，我投注大量時間在網路上，尋找任何感覺和我相像的人。一點一滴地，我通過網站的留言和零散的資訊，在各個（當時）晦澀或沒沒無聞的部落格間來回，終於找到自己的同伴。

閱讀他們的故事，傾聽他們強烈粗暴的痛苦，為我帶來其他方式都達不到的幫助。我所找到的人願意站在我身邊，陪我面對生命中崩裂的深淵（和他們自己的黑洞），而不會移開視線，或企圖粉飾太平。他們是我能活下去的理由。他們的故事像森林裡用麵包屑指引的路徑，在我迷失時給我方向，而我時常迷失。有句俗話是：「我站在巨人的肩膀上。」這對我來說再真實不過了。因為他們無比寬大的內心，讓我從難以存活的苦難中活了下來。因為我們一起創造的事物，也因為我們訴說的故事。

我們反映出彼此破碎的世界。

悲傷中的同伴、喪偶的朋友，和其他心碎的人們，我們一起在無法修復的痛苦中，編織出生存的故事。當我們述說真相時，我們做到了，接受了失去的現實已無法挽回，並且在痛苦中陪伴彼此，看見彼此的真實。

這就是認同的力量：在痛苦中帶來陪伴，而不是尋求解決方式。這是我們撐下去的方式，和其他心碎痛苦的人並肩而行。不試著修復，不試著美化，而是說出真相，讓真相被看見、並聽見、被認同。

我們需要彼此

事實上，我從未想過要當悲傷治療師。假如馬特沒有離開，我很可能早就離開心理治療的領域了。在馬特過世的前一陣子，我才告訴他，我對痛苦相關的領域已經感到疲倦了。他離開以後，我將診所關閉，再也沒見過我的病患。

雖然我見過各種孤單，但悲傷帶給我的寂寞卻是前所未見的。這樣的寂寞使我開始尋找能成為同伴的人，雖然猶如大海撈針，充滿死路、歧途和失望，但也讓我決定投入現在的事業。我沒辦法承受，有些人會被拋進悲傷的深淵，卻什麼也找不到，聽不見任何和他們相近的聲音。

我回到這個領域，因為我領悟到連結的力量。正如我前面提過的，寫作一直是我的媒介。於是，我開始用寫作帶給其他人我最需要的：陪伴、認同、生存。我開始寫作，因為文字會帶來幫助，也因為寫作讓人更容易在悲傷中尋找連結。我創作書籍、部落格文章，也開設課程和工作坊，因為假如有任何事能幫助任何悲傷的人減輕負擔和孤寂，我就應該去做。除此之外，我還能怎麼辦？

本書中有許多文字取自我的「寫作悲傷」課程。在過去幾年中，我有幸看見許多美麗而恐怖的故事。課程的學員總是讓我驚奇，總是展現出愛與見證的能力，並且帶著仁慈和包容地對待彼此。從一開始在網路上的謹慎，到現在已經維持多年的支持，這些寫手成了彼此的家人，也帶著愛與尊重，歡迎每個新人和他們的故事。我們每個人所做的，就是給悲劇足夠的空間，是悲劇讓我們相聚的。

幫助我活下來的，也幫助了他們，同樣也將帶給你幫助。這是痛苦中的陪伴和見證，充滿了力量。這不是魔法，而是愛。愛不會轉身離開。

你或許能在其他人的陪伴下，透過寫作來找到這樣的愛，也可能是在其他網路論壇找到，也許在現實生活或網路上找到。重要的是，必須找到能珍視、傾聽並尊重你的悲傷的地方。當生命失去中心時，你需要可以在深淵旁陪伴你，而不會轉過頭去的人。

”

我們真是一群被悲傷打擊的人。我會想念你們每個人的聲音，就算從頭到尾都沒說過話的也是，你們每次對文章按讚時，我都會注意到。我希望每個人，包含我自己在內，都能夠向懂得失去和痛苦的人伸出手，能找到絲毫的藉慰和釋放。希望其他人能傾聽我們要說的，也分享他們失去的故事。我們的團體就像創造分享美麗樂音的合唱團。我聽見生命的頌歌、絕望的輓歌、愛的合唱，以及失去的歌劇。請繼續寫作，各位，我希望有一天能在其他的團體、部落格，或任何網頁，再次聽到你們的聲音。我希望整個宇宙的共時性，能讓我們的聲音再次結合，和其他群體的悲傷融合為一。

我希望每個人都能在某些時刻，和其他了解悲傷真實樣貌的人分享，他們會幫我們在餐桌前，為逝者擺一份餐具，因為他們了解痛苦。再會，我的朋友們，我向你們致敬。

克莉絲．葛羅茵，「寫作悲傷」的學生

關於丈夫比爾的死

仁慈的文化

和其他了解痛苦深度的人在一起，也無法修復任何事。就如我說過上百萬次的，有些事情就是無法修復，只能承擔。像我們這樣的悲傷和愛，只能被承擔。

在悲傷中活下來，甚至在悲傷旁建立新的生命，前提都是要願意見證，看見自己的悲傷，也看見其他境遇相同者的痛苦。我們可以一起為了彼此創造出真實的希望。我們需要倚靠彼此才能活下去。

這是我對你的希望：願你找到歸屬的人群，能看見你的痛苦，陪伴你，將你抱緊，即便悲傷的重擔仍必須由你自己背負。或許，有時候你會覺得找不到懂你的人們，但這樣的社群是存在的，所以好好尋找，讓他們聚在你身邊，組織成一支光的艦隊，在你需要時支援你。

有位學生將我們的寫作社群稱為仁慈的文化，這是我希望你能擁有的。好消息是，和短短幾年前相比，有越來越多地方接受了這樣的文化，也有越來越多機會能創造這樣的文化。在我們無法預測，卻不得不面對的人生中，這些社群就像一個個安全的島嶼，能讓一切都不同。

或許需要一點努力，才能找到這些地方，我知道。雖然比起以前容易，但絕不簡單。你可以閱讀所有讓你的心和腦產生共鳴的文字，也閱讀網頁所有的評論（忽略那些無知殘忍的），循著你找到的連結繼續看下去，留下你自己的評論。就像在悲傷的荒原中追蹤你的同伴，直到你找到他們的基地，或是建立起自己的營地。我可以繼續把一切描述得很詩意，但真正重要的是，要找到彼此，就得先讓自己可以被找到。在我的悲傷初期，像我這樣的聲音很罕見，之所以能找到同伴，是因為他們願意被我找到。寫作、留下評論、建立連結。找到越多述說真實的方法，人們就越容易找到你，你的文字也越容易找到他們。把自己的燈籠點亮，然後舉起，繼續尋找吧。

我知道這讓人疲憊，一切都令人精疲力竭。但我唯一能給你的保證，就是只要找到自己的同伴，就能讓一切稍微輕鬆一點。情感的連結和陪伴，是幫助我們活下去的關鍵。無論你覺得有多麼不可能，請至少考慮讓自己被找到。堅持下去，你或許是少數，但絕非唯一活在噩夢中的人。我們都在，我們願意聽。

沒有人可以進入悲傷之心的最深處。就算我們能在你身邊，能了解痛苦多麼深刻，也沒辦法陪你進入最深的悲傷。那一部分是完全屬於你個人的。

然而，聚在一起時，我們可以正視彼此的經歷，向我們看見的痛苦致意。我們的內心盛載了最深刻的悲傷，在那樣的痛苦中，我們給予彼此支持和陪伴。我們的文字輕敲彼此的心門，我們能成為彼此的休息站。

因此，我們並不孤單。

”

祝福

願垂淚的人了解，
我們和你一起哭泣，
我們共同分擔不同的悲傷。
失去使我們和原本的社群分離，
卻也讓我們聚在一起。
我們一起見證，
讓彼此的體驗回歸人性，

我們傾聽。
黑暗中微弱的光明，
孤寂中細小的聲音，
寂靜中的一點愛。
傾聽的耳，
分享的心，
稍微分擔了，破碎。

理查德．艾德格，「寫作悲傷」的學生
關於失去婚姻、身分和財產

16／愛是唯一永恆

假如我們不應該再對快樂結局執著，那麼這本關於悲傷失去的書該如何收尾呢？假如我們不再追尋蛻變，或希望一切都迎刃而解呢？

我將用愛來結束這本書，因為愛是我們僅有的一切，並不積極向上，也不悲觀沉淪。愛只是單純地存在而已。

我們悲傷，因為我們愛過。悲傷是愛的一部分。

在我們歷經失去以前的世界有愛，如今愛也包圍著你，以後更會留在你身邊，直到人生的盡處。愛的形式可能會改變，但愛本身永遠不會離去。愛永遠不會太多，而且愛就是一切。

我的一位老師將人生最大的心靈功課，描述為一座反覆通過連結過去和現在的橋樑。在悲傷中活下去，就是不斷跨越那座橋。悲傷中的存活關鍵，在於找到過去和現在之間的連結。

事實上，沒有什麼是永遠不會改變的依靠：外在的世界、感情的狀態，甚至連我們自己的思想都會變化。然而愛不同，我們可以帶著愛繼續前進。愛會像自然中的力量一樣改變轉化，因為愛就是自然的力量；然而，愛的根源和基石不會改變。愛將我們的現在、過去和未來聯結起來，讓我們在不同的世界間旅行。

”

因為我受到愛與支持，這是我對自己的祈願：能正視和接受發生的事和過去的事、我們過去的樣子和現在的樣子；能優雅地接受並活在現在，能有勇氣在每天早上起床，能看著院子裡的紅腹灰雀，或是房子後方聖凱瑟琳遊樂場的一抹斜陽，知道這個世界上有美好和痛苦，兩者都是我的一部分。

因為我受到愛與支持，這是我對自己的祈願：無論多麼幽微，多麼痛苦，都能待在光之中，每天每晚，不讓翻騰的黑暗風暴靠近，不讓自己崩潰，不離開這充滿愛的空間。一點一滴，用愛整合痛苦和憤怒和失去，用光明克服黑暗。是柔和的斜陽，而不是刺眼的電光，溫柔的光線將照亮所有完整的和破碎的，並且讓一切美好起來。

因為我受到愛與支持，是你的愛，理查，以及上帝的愛，這是我對自己的祈願：接受自己現在的樣子，愛自己，原諒自己，讓自己成長。找到活在沒有你的世界的方法，帶著愛繼續前進。

I. H.，「寫作悲傷」的學生

關於丈夫理查的死

不OK也沒關係：你本來就不應該OK

我想，我們常會相信倚靠愛就能修復許多事物，就像神話中能消除痛苦和艱辛的神奇藥物。然而，這從來都不是愛的法則。愛、陪伴、認同會存在我們周遭，支持我們的痛苦，而非帶走痛苦。它們無法取代我們失去的，也沒辦法讓破碎的心更容易承受一些。

愛有時候很粗暴，要求的比我們所能給予的更多。有許多悲傷中的功課，其實是要讓我們學習變得更堅強，足以承擔愛給我們的重量；也是要找到陪伴自己的方式，以便面對當下同時存在的痛苦和愛。

詩人娜奧米・什荷布・奈葉寫道：「愛意味著你在兩個國度呼吸。」在過去和現在的生命間搭起橋樑，在某種程度上就是在兩個國度呼吸：愛存在於兩者中，並且連接著兩者。

痛苦是一定的，甚至會持續很久，破碎的心就是如此。我們曾經認識、曾經夢想、曾經一起培養創造的愛，才能陪我們度過。愛就像一艘寬大的木筏，不會被擊碎或分解。我們或許有時會忘記它的存在，但卻永遠可以回到它身邊。

整個宇宙可能會崩毀（也的確會），但愛本身永遠不會離去。愛會在這裡陪著我們，特別是在一切發生了以後。愛能幫助我們繼續下去。如果再沒有什麼能倚靠，就倚靠愛吧。讓愛帶著我們前進。

我相信世界立基於愛，也受到愛的認可，因為愛而得以存續、連結和包容；所有能拯救的事物，唯有愛能救贖。

溫德爾・貝瑞《平凡的藝術》

悲傷的中間地帶

我們總會以為，悲傷中只有兩個選項：第一是永遠難過，再也不離家一步，第二則是將一切都拋在身後，再次創造璀璨人生。但事實往往有更多空間：我們既不會注定永遠傷心，也不會被迫遵循某些不適合的悲傷模式。

在兩種極端之間，有著很寬廣的中間地帶。

唯有你自己才能創造這樣的中間地帶：真誠面對自己，為了自己而盡力好好活著，讓愛成為你的嚮導和同伴。對自己仁慈，將能幫助你創造中間地帶。拒絕接受主流的觀點，因為悲傷並不是一項需要解決的問題。給自己所有需要的時間和空間，就算要再怎麼破滅崩潰也沒關係。

在悲傷的道路上，沒有人能回到過去的生命或自我，因為那是不可能的。我們可以做的，就是向受到的傷害，以及生命的缺口致意。我們可以仁慈寬容地用愛面對所留下來的一切，可以探索究竟哪些部分從爆破中存活。

在一篇臉書的發文中，安妮・拉摩特將這稱為「與心靈的友誼」，而這正是我想表達的。找到悲傷的中間地帶，就是找到和自己內心的友誼，在自己的內心中感到安穩；也是學習見證自己的痛苦，像愛你的人那樣對待你自己；或是維護自己痛苦的權力，不為了讓別人好過一點，而試圖清理或修飾痛苦；更是為了找到能陪伴你一起走的人，他們不會害怕看見你痛苦但美麗的心。

隨著你的悲傷實驗，你將創造出自己的中間地帶，找到將悲傷經驗編織進生命的方法。悲傷會改變你，沒錯。你將成為怎樣的人，又如何背負悲傷，都將不斷開展下去。中間地帶永遠是進行式，不會要求你否定痛苦，也不會永遠被痛苦吞沒，而是讓你在愛的現實中找到平安，接受所有的美麗和恐怖。感受到愛的支持，這是我們唯一的「安全」地帶。

這是你的生命。你的世界如今荒蕪，曾經的一切似乎都被抹滅，但同時又無所不在……荒蕪之處既是毀滅，也是創造；伸手不見五指，又光明璀璨；是泉水，也是乾涸的大地；是泥濘，也是嗎哪（manna，聖經中神賜的食物）。深沉悲傷中的功課，就是在這樣的世界建立家園。

雪兒．史翠德《暗黑中，望見最美麗的小事》

一起繼續前進

在這一章中，其實要說的已經不多了。我知道這本書、這些文字都還不夠。沒有什麼真的能讓你的一切再次美好。我的希望是，你已經在書中得到陪伴，而書中的練習能幫助你面對必須面對的人生。

我試著盡自己所能，告訴你自己所知道的悲傷真相，給你可以追尋的圖像，就像黑暗中的地圖一般。這是個我希望自己不需要訴說的故事，但也是我所背負擁有的故事。

我們的心碎有時無法修復，自古以來皆是如此。我們必須找到新的方式，來訴說這些舊的事實，讓我們不斷地聽見。我們必須開口，其他人才會聽見，然後再次聽見。就像詹姆斯．鮑德溫寫下的，其實沒有其他故事好說：

> 克里奧開始告訴我們藍調的真髓，其實沒有什麼新的事物。他和他的男孩們冒著毀滅、破壞、瘋狂和死亡的風險，讓一切保持嶄新，找到新的方式讓我們傾聽。雖然我們受苦、快樂或得勝的故事從來不是全新的，但卻永遠必須被聽見。其實沒有其他故事好說，這是我們在一片黑暗中唯一的光明。
>
> 詹姆斯．鮑德溫《索尼的藍調》

當我們述說了自己內心的真實，也就讓身邊的人開始尋找他們自己的真實。

我們開始改變主流的觀點，不再認為悲傷是必須解決的問題。我們會越來越擅長見證痛苦，學習如何面對愛的每個部分，即便是最艱難的。

單純地述說真實，就能開啟關於悲傷的對話，這其實也正是愛的對話。我們開始用更好的愛對待彼此，開始推翻虛偽的救贖情節，無論是文化或是個人層面，都不需要再相信只要夠努力追尋，就一定會有快樂的結局。我們不再因為痛苦而互相指責，而是共同努力改變可以改變的，並承擔無法修復的。就算會使我們心碎，我們也不再因為聽見真實而感到不適。

述說了真實，也聽見真實，我們雖然無法讓一切變得和以前一樣美好，卻可以帶來好轉，見證彼此的經歷，就是愛的道路，是生命的真諦。這是關於勇氣的全新故事，是我們應該要述說的新故事。

我知道你其實不想成為故事的一部分，我也希望你不必。但你已經身在此間，我們沒辦法做什麼別的，只能真誠地歡迎你。你是正在發生的改變的一部分，不只在你自己的心中，也在其他人的心中。只要留在當下，面對當下，選擇在痛苦中對自己展現愛與仁慈就好了。

致謝很重要，所以我要用一開始的話語為這封情書收尾：我很抱歉你必須來到這裡，但我很高興你這麼做了。

如果不ＯＫ也沒有關係。

有些事物沒有辦法修復，只能背負下去。

但願這本書能幫助你背負屬於你的一切。

附錄：如何幫助悲傷的朋友

我寫過一篇關於如何幫助悲傷中朋友的文章，成了我所有文章中被分享次數最多的一篇。文中整理了我在第三部分提到的許多內容，因此，我決定收錄於此。如果想將這篇文章分享給有意幫忙的家人和朋友，你可以在網站 refugeingrief.com/help-grieving-friend 上找到提供列印的版本。

我擔任心理治療師超過十年，在那之前的十餘年則服務於社福單位。我以為自己了解悲傷，知道發生在自己身上時該如何面對，也知道該如何照顧悲傷的人。然而，當我的伴侶馬特在二〇〇九年夏天溺死時，我領悟到，關於悲傷我還有許多不明白的地方。

許多人真心想要幫助經歷死別劇變的家人或朋友。但文字在這樣的時刻通常不管用，我們會結結巴巴，不知道說什麼才是對的。有些人害怕會說錯做錯什麼，所以寧可選擇什麼也不做。當然，什麼也不做是個選項，但通常不太理想。

雖然回應或支持的方式並沒有所謂唯一或最好的，但仍有些值得遵循的守則：

1 悲傷屬於悲傷者

在朋友的悲傷中，我們扮演的角色是支持者，而不是主角。這麼說或許有點奇怪，但有太多的建議和「幫助」，都是告訴悲傷者應該怎麼做，應該要有什麼感覺。悲傷是相當個人的經驗，並且完全屬於經歷的那個人。你或許會覺得，假如易地而處，你會有不同的反應，但願不要有這樣的機會。悲傷屬於你的朋友，所以請讓他們自己決定。

2 當下的陪伴和述說真相

當朋友在當下充滿痛苦時，我們會很想談論關於過去或未來的事。我們沒辦法知道未來到底會如何，無論是自己的或朋友的，都不一定會更好或更壞。就算朋友過去很幸福，也決不意味著現在的痛苦就是公平的。即便當下充滿痛苦，請陪著朋友一起活在當下。

有時候，為了安撫朋友，我們會做出太概括性的論述。我們不可能知道朋友所愛的人是不是「完成了在世界上的任務」，或是「到了更好的地方」。這些關於未來概括性的陳腔濫調並沒有幫助，所以專注在真相就好：這很痛苦。我愛你。我在這裡。

3 不要試圖修復無法修復的

你朋友所失去的沒有辦法修復或解決，痛苦本身也沒辦法被改善。請參考第2點，不要試著用任何話語來修復無法修復的，應該就沒問題了。如果身邊有個不試圖把痛苦帶走的朋友，對悲傷者來說將是極大的慰藉。

4 願意見證難以承受的強烈痛苦

除了這一點，也一起努力練習第3點。

5 不是針對你

和痛苦的人在一起不容易。我們也會有許多感受，例如壓力、疑問、憤怒、恐懼和罪惡感。我們的內心也可能會受傷，可能會覺得被忽略、不被重視。你的朋友可能暫時沒辦法為友誼付出什麼。請不要覺得那是針對你，也不要發洩在對方身上。在這段時間中，請找到其他可以倚靠的朋友。在支持朋友的過程中，重要的是你也必須能提供足夠的支持。如果有疑惑，請參考第1點。

6 採取行動，不要問

不要只說「需要的話就打電話給我」，因為你的朋友不會打。不是因為他們不需要，而是因為光是要辨識出需求、找到能協助的對象、撥打電話，就已經遠遠超出他們的心力負荷了。相對地，你可以提出具體的協助：「我星期四的下午四點會來，幫你把回收物拿去倒。」或是：「我每天早上都會在上班途中路過，帶你的狗出去快快散個步。」會更可靠一點。

7 幫忙完成例行公事

悲傷中真正沉重的部分，我們並沒有辦法幫忙（參見第1點），但我們可以減輕朋友「正常」生活雜務的負擔。有什麼例行的雜務是我們可以幫忙的？例如遛狗、領處方藥、剷雪、拿信件，都是不錯的選擇。用平凡、日常的方式來支持朋友，這些都是愛的具體展現。

不過，請盡量不要做無法回復的事，例如洗衣服或打掃家裡，除非先和朋友確認過。沙發旁的汽水空罐或許看起來像是垃圾，但卻可能是他們丈夫前幾天留下來的。髒衣服可能是唯一還留有她氣味的事物。看出我想表達什麼了嗎？普通的小東西可能相當珍貴，所以請先詢問對方。

8 一起完成任務

根據情況，或許有一些困難的任務必須完成，例如選購棺材、造訪墓園，或是打包整理家中的房間。我們可以主動提供協助，並在朋友的引導下一起完成。你的陪伴本身對他們來說意義很大，文字通常不是必須的。記得第4點：陪伴和見證。

9 插手干預

對剛遭逢悲傷的人來說，大量湧入表達支持的人，可能讓他們難以負擔。原本應該是極度個人隱私的時刻，卻變得像生活在魚缸裡一樣。或許有些方法，能讓我們保護朋友，例如擔任朋友的指定代理人，負責傳達消息給其他人，或是組織安排來致意的人。這樣守門人的角色會很有幫助。

10 教育和倡導

你或許會發現其他朋友、家庭成員，或是認識的人，想知道關於朋友的訊息。在這樣的情況下，你可以成為好的教導者，但請巧妙些。你可以讓悲傷正常化，說：「她時好時壞，而且可能會持續一段時間。劇變會影響我們生命中的每一個細節。」假如又過了一段時間，你或許可以這麼回答：「悲傷不會真的停止，你會用不同的方式不斷背負下去。」

11 愛

最重要的是，表現你的愛。出現在對方面前，說點什麼，做點什麼，願意在朋友生命的缺口邊陪伴他們，不要退縮也不要轉身，願意不要求任何答案。傾聽，在當下陪伴，當個好朋友。愛將延續下去。

參考資料

第3章：你沒有問題，有問題的是我們：崩壞的悲傷模式

1. Brené Brown, Rising Strong: The Reckoning. The Rumble. The Revolution (New York: Spiegel and Grau, 2015).

第4章：情緒素養不足與責怪的文化

1. For more on the origins of victim blaming, see Adrienne LaFrance, “Pompeii and the Ancient Origins of Blaming the Victim,” The Atlantic, October 2, 2015, theatlantic.com/technology/archive/2015/10/did-the-people-at-pompeii-get-what-they-deserved/408586/.
2. Cheryl Strayed, Tiny Beautiful Things: Advice on Love and Life from Dear Sugar (New York: Vintage, 2012), 145.
3. Ibid.
4. Barbara Ehrenreich, Smile or Die: How Positive Thinking Fooled America and the World (London: Granta Books, 2010); also her article, “Smile! You’ve Got Cancer,” The Guardian, January 1, 2010, www.theguardian.com/lifeandstyle/2010/jan/02/cancer-positive-thinking-barbara-ehrenreich.
5. Ibid.

第5章：新的悲傷模式

1. Pauline Boss, “The Myth of Closure,” interview with Krista Tippett, On Being, June 23, 2016, onbeing.org/programs/Pauline-boss-the-myth-of-closure/.

第6章：活在悲傷的現實中

1. Ground rules for living in grief: see the Rules of Impact at my website, Refuge in Grief, refugeingrief.com/rules-at-impact-how-to-survive-early-grief.

第8章：活下去的方法和理由

1. See Mirabai Starr, "Softening into the Pain" (blog entry), January 12, 2011, https://mirabaistarr.com/softening-into-the-pain/.

第9章：我的心理怎麼了？面對悲傷的生理作用

1. For more on neurobiology and attachment, see Thomas Lewis, Fari Amini, and Richard Lannon, A General Theory of Love (New York: Vintage, 2001).
2. James Hillman, The Dream and the Underworld (New York: Harper & Row, 1979).

第11章：藝術和這些又有什麼關係？

1. The practice of writing below the line comes from one of my first writing teachers, Eunice Scarfe, of Edmonton, Alberta.

第12章：找到自己的圖像或「康復」

1. Samira Thomas, "In Praise of Patience," Aeon, May 12, 2016, aeon.co/essays/how-patience-can-be-a-better-balm-for-trauma-than-resilience.
2. Ibid.

第14章：組織你的支持小組：幫他們幫助你

1. Parker Palmer, "The Gift of Presence, the Perils of Advice," On Being, April 27, 2016, onbeing.org/blog/the-gift-of-presence-the-perils-of-advice/.

2. Giles Fraser, "We Cannot Fix People' s Grief, Only Sit with Them, in Their Darkness," The Guardian, April 14, 2016, theguardian.com/commentisfree/belief/2016/apr/14/we-cannot-fix-peoples-grief-only-sit-with-them-in-their-darkness.

第15章：悲傷後的社群：陪伴、真實的希望，以及前進的道路

1. Pauline Boss, "The Myth of Closure," interview with Krista Tippett, On Being, June 23, 2016, onbeing.org/programs/Pauline-boss-the-myth-of-closure/.

第16章：愛是唯一永恆

1. Naomi Shihab Nye, Words Under the Words: Selected Poems (Portland, OR: Eighth Mountain Press, 1994).

2. James Baldwin, Going to Meet the Man: Stories (New York: Vintage Books, 1995).

悲傷支援網站

就算是現在，悲傷時想要找到好的資源依然困難。雖然悲傷支持的前景越來越好，卻還不夠完美。下面列出的，是我個人偏愛的組織。

如果是有孩子的家庭在面對悲傷時，沒有什麼比道基中心更好的選擇。關於孩童的悲傷，中心有國際級的專家能提供協助，有些甚至是面對大規模天災或人禍的專業人士，請參考網站 dougy.org。

MISS 基金會提供支持和資源給哀悼孩童死亡的人，孩童的年齡不限，請參考網站 missfoundation.org。

靈魂翱翔國際基金會（Soaring Spirits International）經營部落格，寫手都曾經失去配偶或伴侶。基金會也會為喪偶者舉辦周末的研習聚會，參與者大都在五十歲以下。可以在他們的網站 soaringspirits.org 搜尋「Camp Widow」。在他們網站的資源頁面，你可以找到其他給喪偶者或親族的協助資源。

Modern Loss 是個很棒的網站，特別是對年紀較輕或中年的成人，網站的眾多文章和留言，涵蓋了不同種類的失去經驗。假如你喜歡寫作，或許也可以考慮投稿自己的作品，參考網站 modernloss.com。

Glow in the Woods 是為了失去嬰兒的家庭而建立的網站，能提供悲傷中的陪伴，也有許多資訊，幫助家人面對流產或嬰兒早夭所帶來的身心影響。可以拜訪他們的網站 glowinthewoods.com。

麗姿・羅吉林基金會（Liz Logelin Foundation）會提供父母一方過世的家庭經濟援助。相關的訊息和資源可以參考 thelizlogelinfoundation.org。

關於「真實之聲」

真實之聲成立於一九八五年，位址在科羅拉多州的博德爾，是多媒體出版社，宗旨在於激勵並支持個人的蛻變和性靈上的覺醒。我們和許多當代的心靈導師、思想家、治療師和視覺藝術家合作，記錄下他們的生命智慧。我們希望出版品不只為讀者提供知識，更能傳播智慧。

如果追尋真實的蛻變，真實之聲將是您最值得信任的夥伴，可以在我們的網站 SoundsTrue.com 上找到豐富的免費資源，包含每周的獨家訪問、免費下載、互動學習工具，以及其他精選內容。

想知道進一步的資訊，請拜訪 SoundsTrue.com/freegifts，或是撥打免費專線：800.333.9185（美國）。

國家圖書館出版品預行編目(CIP)資料

沒關係，是悲傷啊！：直視悲傷的真相，練習守護自己與關愛他人的情緒照護指南 / 梅根．戴文 (Megan Devine) 作；謝慈譯. -- 初版. -- 臺北市：遠流，2019.04
368 面；14.5×21 公分. --（綠蠹魚；YLP29）
譯自：It's ok that you're not ok : meeting grief and loss in a culture that doesn't understand
ISBN 978-957-32-8474-1(平裝)
1. 失落 2. 悲傷
176.5
108001998

・綠蠹魚 YLP29

沒關係，是悲傷啊！

直視悲傷的真相，練習守護自己與關愛他人的情緒照護指南

・作　　者　梅根・戴文（Megan Devine）
・譯　　者　謝慈
・封面設計　萬勝安
・校　　對　李亮瑩
・排　　版　A.J.
・行銷企畫　沈嘉悅
・副總編輯　鄭雪如

・發 行 人　王榮文
・出版發行　遠流出版事業股份有限公司
100 臺北市南昌路二段 81 號 6 樓
電話 (02)2392-6899
傳真 (02)2392-6658
郵撥 0189456-1

著作權顧問　蕭雄淋律師

2019 年 4 月 1 日 初版一刷
售價新台幣 360 元（如有缺頁或破損，請寄回更換）

ISBN 978-957-32-8474-1

遠流博識網 www.ylib.com　E-mail: ylib@ylib.com
遠流粉絲團 www.facebook.com/ylibfans